名师名校名校长

凝聚名师共识
圆名师情怀
打造名师品牌
培育名师群体

培养学生数学思维的
探索与实践

岳小芳 / 著

北京燕山出版社
BEIJING YANSHAN PRESS

图书在版编目（CIP）数据

培养学生数学思维的探索与实践 / 岳小芳著. —— 北京：北京燕山出版社，2022.12
ISBN 978-7-5402-6705-6

Ⅰ.①培… Ⅱ.①岳… Ⅲ.①小学数学课—教学研究
Ⅳ.①G623.502

中国版本图书馆CIP数据核字（2022）第194259号

PEIYANG XUESHENG SHUXUE SIWEI DE TANSUO YU SHIJIAN
培养学生数学思维的探索与实践

著　　者	岳小芳	
责任编辑	满　懿	
出版发行	北京燕山出版社有限公司	
社　　址	北京市西城区椿树街道琉璃厂西街20号	
电　　话	010-65240430	
邮　　编	100052	
印　　刷	北京政采印刷服务有限公司	
经　　销	新华书店	
开　　本	170mm×240mm　16 开	
字　　数	315千字	
印　　张	17.5	
版　　次	2022年12月第1版	
印　　次	2022年12月第1次印刷	
定　　价	58.00元	

前 言

FOREWORD

　　数学是一门对思维能力要求很高的学科，思维能力的运用无时无刻不出现在数学知识的学习中。提高学生的数学思维能力，不但有助于学生对于知识的分析能力、分类能力、理解能力、实践能力和创新能力，更能够全方位地提高学生的综合素质。首先，数学思维能力的培养可以帮助学生提高对于知识的探索意识，探索意识是学好数学的一个重要因素。小学阶段的学生还处于一个身心发育不够完善的阶段，学生对于知识有着强烈的渴求，通过数学思维能力的培养，学生可以建立对知识的探索意识，调动学习积极性，根据自身的需求和爱好有选择地体验和感悟自己喜欢的教学内容。其次，思维能力的培养能有效地提高学生的知识储备。核心素养下的小学数学思维培养有着极强的开放性和多元性，教师利用这种特性可以很好地在日常的教学中加强对公式、定理、概念的相关名人故事的介绍，提高学生的数学审美能力乃至数学知识的深度和广度。

　　现代教学理论认为，教学过程不是单纯地传授和学习知识的过程，而是促进学生全面发展（包括思维能力的发展）的过程。从小学数学教学过程来说，数学知识和技能的掌握与思维能力的发展也是密不可分的。学生在理解和掌握数学知识的过程中，不断地运用着各种思维方法和形式，如比较、分析、综合、抽象、概括、判断、推理。为提升学生数学思维进阶，我们做了大量工作，主要是从平时教学入手，通过观察孩子们数学思辨能力，发现数学课堂中存在的问题；将问题变为课题研究，撰写论文、心得，进行单元主题设计、课例研究以及作业设计探究。

　　培养孩子的学习思维能力是一项长期的教育工作，本书将培养小学生数学思维能力的历程编写成书，仅供大家参考，希望大家提出宝贵意见。

岳小芳

2022年6月12日

目 录

CONTENTS

第一章 课题研究

第二章 单元主题设计

第三章 典型案例设计

第四章　心得分享

第五章　论文发表

第六章 学科融合

第七章 活动简报

第八章　成　果

01

第一章

课题研究

《小学数学深度学习与高阶思维培养研究》
研究成果

2020年9月，经甘肃省教育科学规划领导小组办公室组织专家评审，课题"小学数学深度学习与高阶思维培养研究"被列为甘肃省教育科学"十三五"规划2020年度重点课题，课题立项号GS〔2020〕GHBZ029。两年来，我们严格遵守《甘肃省教育科学规划课题管理办法》的有关程序和要求，认真学习，研读教材，开展了卓有成效的教学研究工作，现已初步完成预定的研究任务，在理论和实践方面都取得了显著的成果。

一、聚焦问题

《义务教育数学课程标准（2011年版）》（以下简称为《数学课程标准》）"基本理念"部分指出："数学教学活动，特别是课堂教学应激发学生兴趣，调动学生积极性，引发学生的数学思考，鼓励学生的创造性思维。"这是数学学习的教育原则，更是数学学习的内在规律。激发兴趣，调动积极性，就是让学生热爱数学，重塑学生对数学学习的自信，引发学生对数学的思考，培养学生创造性思维，这是学生学好数学的保证。而这一保证的实施，源于教师，教师要在课堂为学生搭建一个展示自我发展的平台，设计有效的数学活动，让学生经历探索问题解决的方法，体验知识获得的过程，这一教学方式已成为当下课堂所追求的热点。但基于教师能力与水平以及课堂时间，教师对教材、学情的分析研究不够，导致课堂思考力缺失。比如，课堂设计密度大、节奏紧张；教师一味追求教学深度，不考虑学生的起点与智力差异，导致课堂发言的学生是部分优等生，学困生成了旁观者；教师对教材内容的把握不是降低难度就是拔高难度，对课时的划分也很随意，不能以学生现有水平进行合理划分，更有甚者将数学课上成活动课，整节课很热闹，教学过程缺乏数学思考，教学内容忽视数学思想方法的提炼，使课堂流于形式。更多教师就知识教知识，忽视数学思想方法高度抽象的本质，忽视数学化的过程，忽视学生思维发展的培养，使得课堂单调而低效。

《数学课程标准》总体目标中要求通过义务教育阶段的数学学习，学生能够："运用数学的思维方式进行思考，增强发现问题和提出问题的能力、分析和解决问题的能力。"由此，课堂提升学生"分析综合评价"的数学思维能力，是当下课堂改革和教师业务提升的核心，培养学生高阶思维能力更是我们数学课堂的重中之重，由此提出"小学数学深度学习与高阶思维培养研究"这一课题。

我们课题组将围绕"教学评"一致的方式，立足"教会学生学习"这一教育目标研究和探索学生高阶思维发展策略。两年的课题研究，使我校的教师的课堂教学方式、学生的学习方式及课堂教学评价方面有了很大的起色和改变。

二、解决历程

两年来，我们围绕"改变教学方式，教会学生学习"的理念，分两个阶段开展系列活动，解决"高效学习数学"这一问题。

2020年—2021年（数学内容梳理和实施研究阶段）：开展教师教材研读、课堂实践。

成果：三位成员入围教学新秀评选。

2021年—至今（数学实验实践阶段、成果在学校及区域内推广）。

成果：论文发表、实验心得集、作业设计集、课题成果报告。

三、研究内容

以"教会学生学习"为目标，以教材单元深度学习为脉络，以数学思想方法为核心，以"问题引领体验实践创造设计"为学习原则，作为数学教师深度学习、内容设计和学生学习方式、综合评价的行动理念来进入课题研究。

（一）教材研究

以人教版小学数学"数与代数、图形与几何、统计与概率、综合与应用"四大领域为主，基于课标，结合学科教材，以单元为单位，以提高教学效益为导向，针对教学过程的关键环节，以数学核心内容为线索确定学习主题，以数学核心素养为重点学习目标，以问题情境为关键设计教学活动，以持续性为特征设计的学习评价、以创新性为主的单元作业设计展开该课题研究。

（1）围绕人教版四大领域，通过与北师大版、江苏版对比，按照选定的学习主题、内容分析、学生理解和具体的教学设计展开研究。

（2）针对一个学习主题的单元设计，系统规划学习进程，设计持续性的教学活动。

（3）通过内容中的数学思想，梳理发展学生高阶思维方法与途径。

（4）针对学习主题和学生学习特征创设问题情境，依托问题情境提出引发学生深度思考的关键问题，促进学生分析、综合、批判思维的提升。

（二）教师素养提升

通过深度学习，以单元设计为载体，发展学生高阶思维，尝试探索小学数学教研模式。通过实践、再实践的教学与评价，将学科课程标准的要求，细化、落实到课堂教学中，体现"教、学、评"的思路和要求，以学为中心来设计教学，从单元的视角对教学内容进行整体思考和设计，并最终通过专著、典型案例、课堂实录，拓展教学创新的空间，尝试新的教学思路，在灵活整合中实现教学效益最大化。

（1）通过聚焦数学核心内容，提炼挑战性学习主题，在学生积极参与、探究的过程中，培养学生的思维能力和解决问题的能力。

（2）通过对核心内容主题的分析与深度探究，解决与数学相关联的一类问题，挖掘这类问题所反映的思维模式，提升学生对学科知识的整体理解与认识，提升数学学科素养和关键能力。

（3）利用不断跟进的系统规划学习进程，设计持续性的教学活动，促进教师团队建设，实现有效的深度学习教学设计。

（4）通过深度学习与高阶思维培养策略，加深对课程的理解以及对数学本质的认识，提升对教学设计和实施的能力，增强合作意识和合作能力，真正促进教学方式的改变。

（三）学生能力提升

现代教育理论研究表明，学生的数学素养是以整体渐进的方式向前推进的。所以，此课题通过对教学目标、教学内容、教学过程、教学方法诸因素进行系统分析、整体设计、重新组合，以整体渐进方式推进教学，使师生通过整体性构建单元设计、作业设计，学会用联系的视角来研究数学教学问题，沟通各种学习内容之间及其学生生活之间的联系，整体提升学生的数学素养。

四、实践路径

（一）对教师、学生学习数学现状进行调研分析

布鲁姆教育理论将人的认知思维过程从低到高分为记忆、理解、应用、分析、评价和创造六个层次。所谓高阶思维在教学目标分类中表现为分析、综合和评价，在6～12岁小学生数学学习方面主要表现为问题的分析、问题的解决、决策制定、批判性思维和创造性思维。

为了更好了解教师在小学数学课堂中对学生高阶思维的培养情况，我们对区域内几个学校的数学教师、学生学习情况进行了问卷调研。

教师问卷：

（1）关于数学深度学习，你觉得是什么？

（2）你知道什么是高阶思维吗？

（3）你觉得培养学生数学高阶思维能力的发展有什么途径？

通过三个问题调研发现，40%的教师对深度学习、学生高阶思维的培养概念不是很清楚。通过课堂实践观察发现，教师对学科知识本质的理解、对学生学习过程的理解、对数学价值的理解还比较浅显；不能设计学生喜欢的具有挑战性的问题，不能放手让学生在互动交流、实践探索、体验思考中思考问题、解决问题。

学生问卷：

学习了《平行四边形面积》尝试完成这道题：平行四边形的面积如何计算呢？平行四边形的面积公式是怎样推导出来的？计算平行四边形面积为什么一

定是对应的底和高相乘，你能利用转化的思想说明道理吗？

100%的学生都能依据公式解决平行四边形面积计算问题，但利用"转化"思想解释说明为什么是底和高相乘，为什么要对应时，60%的学生不知道所以然。这就是典型的学生只知道怎么算，却不知道为什么这样算。学生的学习过程处于识记的低阶思维，而高阶思维的分析、综合、评价却没有。

通过问题设计、教学过程、学生表现，发现在学生思维培养过程中，存在以下问题：

（1）教师对教材研究不深，对知识间的关联关注度不够，只是一个知识点一个知识点地讲，缺乏对知识间的系统性思维建构。

（2）教师对问题的设计只关注教什么和怎么教，缺少对学生学得怎么样、怎么学会的等方面的研究和关注。

（3）教师对深度理解、整体把握学习内容、探索性主题方面，缺失方法、策略和价值体现。

（二）围绕数学"四领域"核心内容展开深度学习

围绕小学数学四大领域中重、难点知识，以"数学思想"渗透这一核心展开深度学习。有效的数学深度学习，是师生共同成长的过程。教师通过对数学领域知识梳理，厘清重难点，围绕单元或主题设计展开课题研究。

1. 数与代数

（1）理解"数与代数"意义。

在小学数学四大领域内，数与代数占比最大。第一学段内容有数的认识、数的运算、常见的量、探索规律；第二学段有数的认识、数的运算、式与方程、探索规律。数的概念是学生认识和理解数的开始，学生对自然数的理解随着年级的增高而逐步加深，进而加强对数学的理解和运用。

（2）"数与代数"内容梳理。

现在数学学习，更加关注通过数学方法、解决问题的能力培养来提升学生思维能力及核心素养的培养，通过课堂教学质量的提升来体现数学本质和价值，通过对"数与代数"领域核心内容的梳理来提升教师研究教材的能力。

（3）"数与代数"内容分析。（表1-1）

表1-1

年级	数的认识	数的运算	常见的量	探索规律
一年级	1.10以内数的认识（1到5的认识、6到10的认识） 2.20以内数的认识（11到20各个数的认识） 3.100以内数的认识（20到100各个数的认识）	1.10以内数的加减法 2.20以内的进位加减法 3.100以内数的加减法 4.加减混合运算 5.理解加减法的意义并能解决实际问题	1.认识钟表（一） 2.认识人民币	《找规律》
二年级	万以内数的认识	1.万以内数的加减法 2.理解乘除法的意义，并解决实际问题 3.乘法口诀及相应的口算 4.两步计算式题	1.克、千克的认识与换算 2.时间的认识（二）	数学广角 《搭配一》 《推理》
三年级	1.分数的初步认识 2.小数的初步认识	1.乘除数是两、三位数的乘除法 2.两步计算式题，解决问题 3.计算器的认识和使用 4.常见的数量关系	1.时间的认识（三） 2.时、分、秒 3.年、月、日	数学广角 《集合》 《搭配二》
四年级	1.大数的认识 2.小数的意义和性质	1.三位数乘两位数、除数是两位数的除法 2.四则运算与运算定律、小数的加减法	常见的数量关系： 1.吨的认识 2.升与毫升的认识	数学广角 《优化》 《鸡兔同笼》
五年级	因数与倍数	1.分数的加法与减法 2.小数乘法与小数除法	式与方程 《简易方程》	《植树问题》 《找次品》
六年级	百分数、负数	分数乘法与分数除法	比例的意义和性质、正反比例的意义、比例的应用	《数与形》 《鸽巢问题》

从以上内容排列可以看出，第一学段学生的认知能力、智育发展还在初步感悟阶段，教材遵循学生的身心发展规律，都是结合具体情境进行简单的知识

感悟，在思维发展水平上以知道、比较、简单推导向反思、评价维度提升。第二学段在教材内容上对整数计数单位、数字意义、算理都有了更高目的要求，如分数的意义与性质、小数的意义与性质都需要教师引导学生在第一学段初步认识的基础上理解意义，并渗透分数单位及小数单位之间的关联，在真假分数、百分数解决问题中，结合意义分析问题，解决问题。

2. 图形与几何

（1）理解"图形与几何"意义。

"图形与几何"同样是小学数学体系中重要的组成部分，本领域借助几何中的一些图形，让学生掌握空间度量方法。在小学阶段，"图形与几何"主要学习欧几里得几何，它是一种以两点间的直线距离作为度量方法的几何学，研究的对象是抽象出来的平直的概念，像点、线、面、体等，让学生在其性质的探讨与理解中感悟数学思想方法，培养学生空间观念、几何直观、推理能力，以此了解现实生活，提升创新精神。

（2）"图形与几何"内容梳理。

在"图形与几何"领域有四大内容：图形的认识、测量、图形的运动、图形与位置。第一学段要明晰学生活动结合现实生活，经历抽象、分类、性质的探讨、运动、位置确定等过程，形成初步的数学模型。第二学段注重在知识探索过程中，提高分析、解决问题的能力，获得数学活动经验，体会数学思想方法，关注学生不同思维水平的能力发展。

（3）"图形与几何"内容分析。（表1-2）

表1-2

学段	内容	要求
第一学段	**图形的认识：** 1.能辨认长方体、正方体、圆柱、球等几何体。 2.能辨认长方形、正方形、三角形、平行四边形、圆等简单图形。 3.了解直角、锐角、钝角。 **测量：** 1.认识长度单位千米、米、厘米。认识面积单位平方厘米、平方分米、平方米。	1.能通过实物和模型辨认长方体、正方体、圆柱和球等几何体。 2.能根据具体事物、照片或直观图辨认从不同角度观察到的简单物体。 3.能辨认长方形、正方形、三角形、平行四边形、圆等简单图形。 4.通过观察、操作，初步认识长方形、正方形的特征。

学段	内容	要求
第一学段	图形的运动： 感受平移、旋转、轴对称图形。 图形与位置： 1.会用上、下、左、右、前、后描述物体的相对位置。 2.给定东、南、西、北四个方向中的一个，能辨认其余三个，知道东北、西北、东南、西南四个方向	5.会用长方形、正方形、三角形、平行四边形或圆拼图。 6.结合生活情境认识角，了解直角、锐角和钝角。 7.能对简单几何体和图形进行分类
第二学段	1.了解线段、射线、直线。 2.知道平角与周角。 3.了解平面上两条直线的平行和相交（包括垂直）。 4.认识等腰三角形、直角三角形、等边三角形、锐角三角形、钝角三角形。 5.认识长方体、正方体、圆柱和圆锥的展开图。 6.认识长度单位千米、米、厘米。认识面积单位平方米、平方分米、平方厘米。 7.进一步认识轴对称图形及对称轴，图形的平移与旋转，并会画。 8.按一定比例将简单图形放大或缩小。 9.在方格纸上设计简单图案。 10.了解比例尺。 11.会描述简单的线路图。 12.学会用数对表示位置	1.结合实例了解线段、射线和直线。 2.体会两点间所有连线中直线最短，知道两点间的距离。 3.知道平角与周角，了解周角、平角、钝角、直角、锐角之间的大小关系。 4.结合生活情境了解平面上两条直线的平行和相交（包括垂直）关系。 5.通过观察、操作，认识平行四边形、梯形和圆，知道扇形，会用圆规画圆。 6.认识三角形，通过观察、操作，了解三角形两边之和大于第三边、三角形内角和是180°。 7.认识等腰三角形、等边三角形、直角三角形、锐角三角形、钝角三角形。 8.能辨认从不同方向（前面、侧面、上面）看到的物体的形状图。 9.通过观察、操作，认识长方体、正方体、圆柱和圆锥，认识长方体、正方体和圆柱的展开图

3. 统计与概率

（1）理解"统计与概率"的编排意义。

"统计与概率"的主要内容有：收集、整理和描述数据，包括简单抽样、整理调查数据、绘制统计图表等；处理数据，包括计算平均数、中位数、众数、方差等；从数据中提取信息并进行简单的推断；简单随机事件及其发生的概率。

这部分课程内容的主线如下。

① 数据分析过程：让学生参与收集、整理、描述和分析数据的活动，了解数据处理的过程。

② 数据分析方法：让学生掌握必要的收集数据、整理数据、描述数据和分析数据的方法。

③ 数据的随机性：让学生体会样本和总体的关系，通过表格、折线图、趋势图等，感受随机现象的变化趋势。

④ 随机现象及简单随机事件发生的概率：让学生通过列表、画树状图等方法列出简单随机事件所有可能的结果，以及指定事件发生的所有可能结果，从而了解并获得事件的概率。

（2）本部分内容"承载"着培养学生数据分析观念的任务，形成数据分析观念的有效方法就是让学生投入数据分析的全过程中去。学生经历这样的过程，不仅能学习一些具体的知识和方法，还能体会到数据中蕴含着大量有价值的信息，进而提高自己运用数据分析问题、解决问题的能力。教师在教学中应"设计必要的数学活动，让学生通过观察、实验、猜测、推理、交流、反思等，感悟知识的形成和应用"。

（3）"统计与概率"内容分析。（表1-3）

表1-3

年级	主要内容	内容分析	目标分析
一年级	分类与整理	例一，按给定标准分类计数； 例二，自选标准分类计数，会用简单统计表呈现结果，侧重于统计直观的培养	**目标：** 1.能够根据给定的标准或自己选定的标准进行分类，体验分类结果在单一标准下的一致性和不同标准下的多样性； 2.能够用自己的方式（文字、图画、表格等）呈现分类的结果； 3.能够对数据进行简单的分析，并能够根据数据提出简单的问题

续 表

年级	主要内容	内容分析	目标分析
二年级	数据收集与整理	例一，学习用调查法收集数据，初步了解统计表；例二，学习用写"正"字的方法记录数据	1.在贴近生活的情境中经历简单的数据收集和整理的过程，使学生学会用调查法来收集数据。学会在分类的基础上用写"正"字的方法记录数据，认识简单的统计表，会用给定的统计表呈现和整理数据。2.通过对数据进行简单地分析，使学生初步体会运用数据进行表达与交流的作用，感受数据中蕴含的信息。3.通过对周围现实生活中有关事例的调查，使学生初步体会调查所得的数据的作用，培养初步的数据分析观念
三年级	统计	1.简单的数据分析；例一，横向条形统计图；例二，起始格与其他格代表的单位量不一致的条形统计图简单的数据分析。2.求平均数：例一，平均数的含义和求法；例二，用平均数来比较两组数据的总体情况	目标：1.使学生会看这两种统计图，根据统计表中的数据完成统计图。2.使学生初步学会根据统计图表进行简单的数据分析，通过分析寻找信息，并根据这些信息做出进一步的判断和决策。3.理解平均数的含义，初步学会简单的求平均数的方法，理解平均数在统计上的意义
四年级	条形统计图折线统计图	条形统计图：例一，认识条形统计图（1格代表1个单位）；例二，认识条形统计图（1格代表5个及多个单位）。折线统计图：例一，认识折线统计图，了解折线统计图的特点，根据折线统计图回答简单的问题，根据数据的变化体会统计的作用。例二，完成折线统计图，根据统计图解决问题，根据数据的变化进行合理的推测。侧重于数据统计过程和可能	目标：1.使学生经历简单的数据收集、整理、描述和分析的过程，体会统计在现实生活中的作用，理解数学与生活的密切联系。2.让学生初步认识条形统计图，能根据统计图中的数据回答并提出简单的问题，初步体会数据中蕴含着的信息。3.通过对数据的简单分析，使学生进一步体会统计在生活中的意义和作用。4.让学生认识单式折线统计图，会看折线统计图，并能根据统计图回答简单的问题，从统计图中发现数学问题。

续 表

年级	主要内容	内容分析	目标分析
四年级	条形统计图 折线统计图	性，是一种理性思考的培养	5.通过现实生活中多方面的信息，引导学生关注生活中的数学问题，并运用已经掌握的知识解决生活中较简单的数学问题
五年级	统计可能性	1.体验事件发生的确定性和不确定性。 2.能列出简单试验所有可能发生的结果，感受随机现象结果发生的可能性是有大有小的。 3.根据随机现象结果发生的可能性的大小进行推测。 4.理解众数的意义及特点，能根据具体的问题选择恰当的统计量表示数据的不同特征。 5.认识复式折线统计图，了解复式折线统计图的特点。根据复式折线统计图回答简单的问题。根据数据的变化进行数据分析和合理的推测	1.在具体情境中，通过显示生活中的有关实例使学生感受简单的随机现象，初步体验有些事件的发生是确定的，有些是不确定的。 2.通过实际活动（如摸球），使学生能列出简单的随机现象中所有可能发生的结果。通过试验、游戏等活动，使学生感受随机现象结果发生的可能性是有大有小的，能对一些简单的随机现象发生的可能性大小做出定性描述，并能和同伴进行交流。 3.理解众数的含义，学会求一组数据的众数，理解众数在统计学上的意义。 4.根据数据的具体情况，选择适当的统计量表示数据的不同特征。 5.了解复式折线统计图的特点，能根据需要选择条形、折线统计图直观、有效地表示数据，并能对数据进行简单地分析和预测
六年级	扇形统计图 统计	内容： 例1：扇形统计图，结合百分数的应用，只要求会看，会解决一些简单的问题，不要求绘制。 例2：选择合适的统计图，唯一性问题、适合性问题。通过扇形统计图、折线统计图，对统计数据进行认真、客观、全面地分析，以保证所得结论的真实性和判断的正确性	目标： 1.认识扇形统计图的特点，知道扇形统计图可以直观地反映部分数量占总数的百分比，能从扇形统计图中读出必要的信息。 2.结合生活中的统计实例进行教学，使学生充分感受统计的现实价值。 3.使学生通过比较，认识各种统计图的适用性和局限性。 4.会综合应用学过的统计知识，能从统计图中准确提取统计信息，能够正确解释统计结果。 5.能根据统计图提供的信息，做出正确判断或简单预测

"统计与概率"在内容编排上，呈知识起点低、内容分布广、循序渐进、螺旋上升特点，总体以统计为主，概率为辅。1~3年级学生根据给定的标准或者自己选定的标准，能对事物或者数据进行分类，有分类意识即可。低年段学生在经历简单地收集、整理后，能够了解简单的调查、测量数据方法，并能用简单的文字、符号、表格、图表表示收集数据结果即可。学生能通过简单数据分析，感受其中蕴含的信息。第一学段在统计上侧重培养学生的直观意识。

到了高年段，学生在经历简单数据统计过程后，能根据一些信息解释统计结果，根据结果做出简单地判断和预测，并能进行交流。学生通过实例感受简单的随机现象，能对随机现象发生的可能性的大小做出定性描述，并能用语言表达出来。这一阶段侧重于数据统计过程和可能性，是一种理性思考的培养。

4. 综合与实践

（1）理解"综合与实践"意义。

小学阶段，综合与实践主要以主题式学习的形式，让学生经历感悟大自然与数学的关系，在学生获取知识的同时，感悟数学与数学之间、数学与学科之间和社会生活之间的联系，体会数学知识的价值及数学与学科知识的勾连，积累生活经验，感悟数学思想方法，形成和发展模型意识、创新意识，提高分析问题和解决问题的能力，形成和发展核心素养。

（2）"综合与实践"内容梳理。

"综合与实践"领域主要包括主题活动和项目学习等。第一、第二、第三学段主要采用主题式学习，第三学段可适当采用项目式学习。主题活动分为两类：第一类，融入数学知识学习的主题活动。在这类活动中，学生将学习和理解数学知识，感悟知识的意义，主要涉及量、方向与位置、负数等知识的学习。第二类，运用数学知识及其他学科知识的主题活动。在综合与实践活动中，学生将综合运用数学知识解决问题，体会数学知识的价值，以及数学与其他学科的关联。在主题活动中，学生将面对现实的背景，从数学的角度发现并提出问题，综合运用数学和其他学科的知识与方法，分析并解决问题。项目式学习的设计以解决现实问题为重点，综合应用数学和其他学科知识解决问题，体会数学用于生活的价值。

（3）"综合与实践"内容分析。

1～2年级"综合与实践"

主要内容：

1. 认识货币单位，认识时间单位时、分、秒，认识东南西北。

2. 6个主题活动（数学游戏分享、欢乐购物节、时间在哪里、我的教室、身上的尺子、数学连环画）。

内容及学业要求：

数学游戏分享： 在活动中能主动表达并与他人交流，能准确地表达自己对数、数量、图形、方位等数学知识的理解。

欢乐购物节： 能清晰表达和交流信息，在教师的指导下能够反思并述说购物的过程，积累使用货币的经验；形成对货币多少的量感和初步的金融素养。

时间在哪里： 能结合生活经验体会时间的长短；能将生活中的事件与时间建立联系，感悟时间与过程之间的关系；形成对时间长短的量感，懂得遵守时间的重要性。

我的教室： 会用东、南、西、北描述物体所在的方向，了解物体间位置、方向的相对性，形成初步的空间观念。

身体上的尺子： 能运用测量长度的知识，了解身体上的一些"长度"；能用身体上这些"长度"测量教室以及身边某些物体的长度；能记录测量的结果，能与他人交流、分享测量的经验，发展量感。

数学连环画： 能简单整理学过的数学知识，思考如何运用数学知识记录自己的经历；能结合生活经验或者通过查阅资料，学会用数学化的表达与交流。

教师建议：

1. 通过对货币、时间等常见的量的认识，以及方向、位置的学习，丰富对量的体验，形成量感和空间观念。

2. 关注学生的活动经验和情感态度的发展，使学生能在活动中清晰表达和交流信息，形成量感和金融素养。

3. 关注对学生学习过程的评价，指导学生关注自身的活动过程，组织学生进行反思、互评。

3~4年级"综合与实践"

主要内容：

1. 认识时间单位年、月、日。

2. 认识常用的质量单位。

3. 认识方向。

4. 主题活动。（年、月、日的秘密，曹冲称象的故事，寻找"宝藏"，度量衡的故事）

内容及学业要求：

年、月、日的秘密： 知道24时计时法；认识年、月、日，知道它们之间的关系；能运用年、月、日的知识解释生活中的问题，提高初步的应用意识。了解中国古代如何认识一年四季，了解中华优秀传统文化。

曹冲称象的故事： 以"曹冲称象"故事为载体，感受并认识克、千克、吨及它们之间的关系，感受等量的相等，发展量感和推理意识，积累数学活动经验。

寻找"宝藏"： 能绘制、判断物体方向，进一步理解空间方位及物体之间的位置关系，提高推理意识。

度量衡的故事： 知道中国在秦朝统一了度量衡，查阅资料，理解度量衡的意义，加深对量和计量单位的理解，丰富并发展量感。

教师建议：

1. 引导学生尝试用学过的知识解决应用性的数学问题和简单的实际问题，体会数学的价值，提升应用意识。

2. 引导学生经历克服困难获得成功的过程，鼓励学生个体和小组在解决问题的过程中提出独特的策略和方法，激发创造的热情，形成创新意识。

3. 引导学生根据具体情境，能对不同的量进行分类、整理、比较，让学生建立量感。

5～6年级"综合与实践"

主要内容：

1. 主题活动和项目学习。

2. 涉及"了解负数"及综合运用数学及其他学科知识解决问题，提高应用能力。

内容及学业要求：

主题活动1：如何表达具有相反意义的量

在熟悉的情境中了解具有相反意义的数量，知道负数在情境中表示的具体意义，感悟这些负数可以表达与正数意义相反的量，进一步发展数感。

主题活动2：校园平面图

在实际情境中，综合应用比例尺、方向、位置、测量等知识，绘制校园平面简图，标明重要场所；交流绘制成果，反思绘制过程，形成初步的应用意识和创新意识。

主题活动3：体育中的数学

收集重大体育赛事的信息、某项体育比赛的规则、某运动员的技术数据等素材，提出数学问题，设计问题解决方案；在问题解决的过程中，形成发现、提出、分析、解决问题的能力。

项目学习1：营养午餐

调查了解人体每日营养需求，几类主要食物的营养成分，感受合理膳食的重要性；调查学校餐厅或自己家庭一周午餐食谱的营养构成情况，提出建议；开展独立活动或小组活动，设计一周合理的营养午餐食谱；形成重视调查研究、合理设计规划的科学态度。

项目学习2：水是生命之源

调查了解生活中人们使用淡水的习惯及用量，结合淡水资源分布、中国人均淡水占有量、城市生活用水的处理等信息，发现并解决问题；制订校园或家庭节水方案，尝试设计节水工具，提高环保意识，形成初步的应用意识和创新意识。

教师建议：

1. 能够积极参与活动，在活动中能独立思考问题，主动参与交流，经历实地测量、收集素材、调查研究、解决问题的过程，提高解决问题的能力，积累根据解决问题的需要合理选择策略和方法的经验，形成模型意识与初步的应用意识和创新意识。

2. 提供平台，让学生在与伙伴的合作交流中评价与反思，提升规划能力，积累实践经验。

3. 在教师指导下，会查找相关资料，提出有价值的数学问题；能与他人交流合作，运用数学或其他学科的知识解决问题；能积极参与小组间的交流，说明自己小组的问题解决过程，理解其他小组所解决的问题和问题解决的思路；感悟数学在体育中的作用，提高学习数学的兴趣，引发保护环境等社会问题的关注与理解。

第一学段的主题活动，侧重认识日常生活中最常见的量，如元、角、分等人民币的量，时、分、秒等时间的量，以及认识东、西、南、北四个方向。第二学段的主题活动，不仅要让学生认识度、衡等更为广泛的量，认识年、月、日等更为一般的时间概念，认识方向，还要引导学生尝试用学过的知识解决应用性的数学问题和简单的实际问题，提升应用意识；引导学生查阅相关资料，知道中国古代那些与量有关的概念的由来，培养家国情怀，积累学习经验。

主题活动的设计可以考虑问题引领的形式。例如，可以从"曹冲称象"故事引入，引发学生的好奇心和探究的欲望，在理解质量单位的基础上，思考如何运用"总量等于各分量之和"称出一个庞然大物的质量，感知"等量的等量相等"这一基本事实，感悟如何用数学的思维思考现实世界。

第二学段的主题活动涉及综合性、实践性较强的跨学科内容，更需要多学科教师协同教学，统筹设计与实施。

5. 数学广角

（1）理解"数学广角"的编排意义。

"数学广角"是人教版教材独有的内容，其意图在于系统而有步骤地把一些重要的数学思想方法，通过学生理解的、日常生活中常见的最简单的事例呈现出来，借助一些操作等直观手段向学生进行渗透，使学生初步感受数学思想方法的奇妙与作用，受到数学思维的训练，逐步形成有序地、严密地思考问题的意识。

（2）"数学广角"内容梳理。（表1-4）

表1-4

册数	主要内容	数学思想方法	教学要点及建议
二年级上册	简单的排列例1（与顺序有关）	分类讨论、逻辑推理思想	对比一年级下册，从直线到平面，从单项到多项；从等差数列到差的等差数列，再到等比数列（引导学生从数学的角度考虑问题）
	简单的组合例2（与顺序无关）		
二年级下册	稍复杂的图形和数列的排列规律	排列、推理思想	引导学生观察、交流、思考，从数学的角度考虑问题
三年级上册	稍复杂的排列组合	分类讨论、有序思考的思想	教师多采用学生身边的实物作为素材，引导学生通过连线、拼摆、交流、思考了解排列组合的概念；不要求列式计算
三年级下册	简单的集合问题	集合思想	按照循序渐进的原则，先简单，后复杂，先巩固，再提高；引导学生多思考，多说多辨析，学会验证；允许学生猜测，但要逐步学会合理猜测，进而学会严密地推理
	简单的等量代换问题	等量代换思想	
四年级上册	合理安排（烙饼、排队论、田忌赛马）	运筹、优化、对策论思想	教师培养学生更多地观察、思考、交流的习惯，操作图片、学具等进行模拟演示，运用多媒体演示
四年级下册	简单的植树问题	植树问题思想方法，化归的思想方法，数学建模思想	让学生理解间隔、间隔数等概念，引导学生合理猜测，运用线段图、示意图等教学，引导学生学会举一反三
五年级上册	简单的数字编码	数字编码的思想方法	引导学生学会运用调查、搜集、整理等方法获取相关信息；适当补充一些相关资料，开阔学生视野；鼓励学生大胆猜测、实验验证、合作交流、动手实践；防止上成单纯的科学常识课或综合实践活动课
五年级下册	找次品	优化思想	鼓励学生用多种方法去找次品，在比较中优化方法；结合统计教学；引导学生采用观察、模拟实验、表格、验证等方式方法

册数	主要内容	数学思想方法	教学要点及建议
六年级上册	鸡兔同笼问题	假设、方程思想	引导学生学会从简单问题入手解决问题；用假设法解决问题重在分步点拨、主动探索，而不是直接告诉列式计算；引导学生学会建立等量关系，列方程解决问题
六年级下册	抽屉原理	抽屉原理，数学建模思想	不注重让学生概括抽象的抽屉原理，就事论事说明即可；不倡导一开始就让学生学会用有余数的除法解决抽屉原理问题

从表1-4中可以看出"数学广角"的内容在安排上充分体现了《数学课程标准》中提出的"重要的数学概念与数学思想宜逐级递进、螺旋上升"这一理念。

课题组通过对整套教材"数学广角"内容的梳理、学习、交流研讨，对数学广角体系中各个知识点之间的联系把握得更准确、更深刻了，各学段的学习目标也很明确清晰了。像第一学段要求以"操作实践"为主题，考虑到这一阶段学生储备的数学知识比较零碎，已有的生活经验不够丰富，因此引导学生通过"操作实践"的活动来展开探究，初步感受数学思想方法的奇妙与作用，增强数学思维的训练，逐步形成有顺序地、全面地考虑问题的意识，同时培养他们探索数学问题的兴趣与欲望，发现、欣赏数学美的意识，进而达到《数学课程标准》第一学段的要求：使学生"在解决问题的过程中，能进行简单地、有条理地思考"。

第二学段要求以"抽象建模"为主题，考虑到学生经过第一阶段的学习，已有了一定的数学知识和解决简单问题的经验，也有了一定的逻辑思维能力，因此在继续强调实践与经验的基础上，增强了"抽象建模"的要求。

（三）研究教材，正确理解数学广角内容在横向、纵向间的联系

课题组在研究数学广角教材时，注重处理不同时段"相同内容"教学目标的层次性，如："找规律"原试验教材分别出现在"一下"和"二下"的教材中，修订后的教材对本单元的内容进行了重新编排，更加注重了对"规律"含义的理解，并降低了教学难度，厘清了教学层次。在新教材里，二年级下册数学广角变更为"推理"教学，但"推理"知识点的衔接在"找规律"中。虽然

"找规律"内容没有归到数学广角中，但其中所蕴含的数学思想对后面的"推理"学习起到很重要的作用。所以教学时，我们要善于把握学生们的知识起点，这样更容易达成课堂教学的目标。还有"排列组合"知识分别在"二上"和"三上"的教材中出现，教材在编排、内容和侧重点上都有所不同。这些内容非常相似，但教学目标不同。课题组通过集体备课、上同课、反思、研讨，达成共识，并进行整理。一年级下册（找规律）、二年级下册（推理）教材分析见表1-5。

表1-5

分析项目 ＼ 年级	一年级下册（找规律）	二年级下册（推理）
知识结构	例1（规律的含义），例2（图形和数字的简单排列规律），例3（等差数列，递增递减），例4（数组的规律），例5（解决问题）	例1（理解逻辑推理的含义） 例2（用逻辑推理解决问题）
已有基础	第一册加减法表的排列及有规律的习题安排、数数、认识图形、认数等日常生活中渗透了大量找规律内容	一年级利用数的组成进行猜数的游戏中就有推理的运用（但学生没有明确的意识）
教材特点	没有单独编排，结合日常生活素材创设情境，注重对"规律"含义的理解。只教学简单的图形和数字的排列规律。有规律排列（至少重复出现3次）	活动性和探究性比较强，要求设计有规律的图案。注意引导学生掌握独立思考和探究的学习方式，交流的重点是难找的规律、怎样找出有新意的排列规律
学情观察	教师重点关注中下水平的学生的学习情况	教师重点关注中下水平的学生的学习情况
课时	建议4课时	建议4课时
数学思想方法	渗透和运用推理的数学思想，逐步形成有顺序地、全面地思考问题的意识	初步了解推理的数学思想，培养学生在解决问题时能有顺序地、全面地思考问题
第一学段要求	探索简单情境下的变化规律，培养"模式化"思想，并能简单表达"模式"的特点。教学"核心"是培养学生发现规律、学会推理的意识	
教学策略	教学突出趣味性，体现开放性，控制好教学难易度	

五、形成小学数学深度学习与高阶思维培养策略

聚焦小学数学学科核心内容，提炼出挑战性的学习主题，在促进学生理解和问题解决过程中，培养学生高阶思维能力。

（一）在"问题"设计中，激发学生高阶思维

思维的激活通常因问题而引发。问题的质量会对学生高阶思维的培养产生直接的影响。因此，教师要捉住数学内容本质，巧设由易到难循序渐进的问题，引导学生思考，激发思维持续发展。

1. 设计难易递进层次问题，引导学生在分析中思辨

四年级《两位数乘三位数》一课，教师出示114×21后，提出难易递进的问题，引发学生迁移思考：①看到这道题，你想说什么？②你能说一说114×21的道理吗？③你能试着列成竖式吗？④你能讲一讲每一部分积的含义吗？⑤这种算法能用于更大数的计算吗？⑥今天的计算与以前的计算有什么不同？问题①②为学生解决新问题提供了新旧知识迁移的思维角度。问题③④利用旧知计算方法迁移解决新问题的道理，顺利理解算理，帮助学生在问题分析、解决问题中提升了思维能力。问题⑤⑥对新知进行拓展推理，在算理对比中将知识综合利用，实现思维进阶发展。

这样有梯度的问题充分调动了学生对旧知的唤醒，引发对新知的探究欲望，感受到乘法与加法、多位数乘法之间知识的关联，产生对更大数乘法的计算欲望。这种问题式引入新课学习的思维模式，能帮助教师在教的方式上、学生在学的方式上有很大变化，从而提高学生解决问题的能力。

2. 设计探究问题引发思考，用推理思辨激发高阶思维

设计探究性问题，让学生在思辨中学会用数学方法、数学思维解决问题，是激发学生高阶思维的动力源泉。

比如：在《平行四边形的面积计算》引入环节，比较方格内长方平行四边形的面积，通过数方格的方法，得知它们的面积相等，并发现它们的底和高也相等，这是有一定道理还是巧合呢？请同学们拿出一个平行四边形，看看能否用学过的知识，将这个平行四边形转化成学过的图形，并推出这个平行四边形的面积公式呢？转化后的长方形与这个平行四边形有什么关系呢？是不是所

有的平行四边形都能转化成等底等高的长方形呢？转化后的长方形的底与原平行四边形的底有什么关系？转化后的长方形的高与原平行四边形的高有什么关系？在这样深度问题的探究中，学生通过验证试验得出平行四边形可以转化成长方形，转化后的长方形面积与原平行四边形面积相等，长方形的底是原平行四边形的底，高是原平行四边形的高。在这个探索过程中，同学们在不断发现、辩论、思考、尝试、追问、验证中积极参与，思维活跃，在"等积变形"的理解中，在分析研判中不断提升思维能力。

3. 设计挑战问题引发认知冲突，用认知思辨激发高阶思维

在新授课中，教师可以静心设计问题，挑起学生的认知冲突，让学生用数学的方法从数学的角度进行思考和思辨，激发学生探究知识的好奇心，发展学生的数学思维品质。

在教学《倒数的认识》时，教师可以通过设计问题引发学生思考。

围绕对"倒数"的理解，提出三个关键问题：什么是倒数？倒数是怎样产生的？为什么学习倒数？围绕三个关键问题，学生自主看书讨论解决。在解决问题表述观点时，学生基本能理解乘积是1的两个数互为倒数，也能找出一个分数的倒数是多少。同时，学生会产生困惑：整数有倒数吗？如1的倒数是多少？5的倒数是多少？0有倒数吗？这个环节是学生思维碰撞的环节，思维能力提升的环节，教师可以引导学生根据"倒数"的定义展开辩论，直击概念本质，让学生在举例说理中，理解倒数的本质含义，理解"互为"是指两个数之间的关系，而非一个数；厘清倒数的实质即"乘积是1"，指向乘法，积必须为1，所以两个数指向可以是整数、分数、小数，是乘积为1的两个数之间的特殊关系；特别是针对0有倒数的说理，让学生们在说理中明白：因为0乘任何数都得0，积不可能等于1，所以0没有倒数。

在设计问题时，教师要从倒数的意义出发，使学生能够规范、简洁地表达，如"因为0.5×2=1，所以0.5和2互为倒数"。教师还可以强化课本练习题，打通知识关联，让学生理解"为什么学倒数"，引导学生发现在后期学习的分数除法中要用"倒数"的知识来解决，这样就很好地将分数乘除法勾连起来。在这样的问题设计中，学生的自学能力、思辨能力、发散思维都得到了很好地培养。

（二）在作业"探究"中培养学生高阶思维

当下，学生习题作业就题做题，不能有层次地体现学生的思维水平。站在发展学生高阶思维的角度，只有以过程性目标为支点，设计有意思、有探究的作业，才能使学生积极参与，才能激发学生的分析、纠错能力，才能培养学生"发现、分析、探究"等思维品质，提升课堂质量。以六年级上册《位置与方向》为例，设计不同层次探究性作业，培养学生观察、分析、合作交流的习惯，呈现独立思考、个性化探究新知的能力。（表1-6）

表1-6

探究作业目标及类型	作业设计根据 （数学核心素养高阶思维、儿童认知、儿童心理三个维度）
作业类型：根据练习内容及思维深度，作业设计侧重在具体的情境中按照知识技能（记忆类、训练类）、方法能力（理解类、操作类）、解决问题（探索性、创造性）等分为基础类、提升类和实践类。 **作业过程性目标**：经历观察、估算、想象、推理、信息搜集等数学活动过程，用方向和距离来表示平面上的位置，感受坐标法的思想，通过生活实例学习位置与方向的知识，感受数学与生活的联系，学会用数学的语言表达现实世界	**高阶思维**：根据一个点相对于参照点的方向和距离、角度的描述，在平面上找到这个点，并根据空间观念画出来。关注学生书写习惯、尺规作图和读题能力，帮助学生养成审题的好习惯。注重学生通过"位置与方向"，用语言能描述多个点的运动过程，培养学生分析、探究、推理能力。 **儿童认知**：因为学生在三年已经积累一些确定位置的感性经验，能够用方向和距离精准地表示平面内一个点或一个区域的位置。在设计策略上要设计具有开放性的问题，体现解决问题策略的多样性。 **儿童心理**：让学生通过说一说、画一画的方式表达数学同时分析问题时，会用数学的思维思考现实世界；在用数学方法解决问题的过程中，会用数学的语言表达自己的方位

结合《位置与方向》一课的探究作业目标及类型和作业设计根据，具体作业设计如下。

1. 在"提升"类作业设计中培养学生分析思维能力

提升类作业侧重在具体的情境中，综合运用数学知识、技能和方法，探究数学问题或解决现实生活问题；在形式上注重动手操作、观察、设计规划、理论阐释的方法和能力；在内容上侧重理解类、操作类的习题。

例如，《位置与方向》一课提升类作业的设计：同学之间互相说一说上学和放学的大致路线，可以借助互联网或高德地图定位，查找你家附近的地图，描述你家的位置。

这一问题的解决方法很开放，方向和距离要通过估算或手机下载电子地图等方式得到；用语言描述自己上学和放学在多个点的运动过程，还要绘制地图；画之前大脑中首先要有一个大致"空间位置关系"。这是对知识的综合利用，让学生在开放性问题的解决中，提升分析、思考能力。

2. 在"实践"类作业体验中培养学生评价思维能力

实践类作业侧重于促使学生主动建构与自己知识水平相适应的知识体系，在设计策略上为学生创设"主动参与的机会"，针对学科思想的深刻领悟和科学方法的灵活应用设计开放性问题。

例如，将课本中《位置与方向》一课的第11题变为实践类习题。

用小动物的不同造型设计一个"小小动物园"。画出动物园导游图，并描述各个馆的位置。再设计一个参观路线，并说一说怎么走。（图1-1）

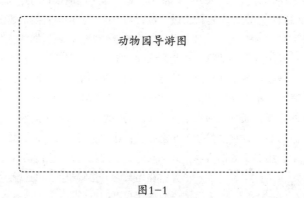

动物园导游图

图1-1

这是一道综合性、开放性比较强的习题。要设计动物园导游图，先要按自己的想法开放地设计各个馆的位置，再将它们的位置描述出来。要用精准的语言描述，对学生来说是有难度的，尤其是方向，对北偏东30度，东偏北60度进行辨析、对比。让学生设计参观路线并描述怎么走，是描述路线的综合运用，也有美学元素。这样的作业设计使学生带着兴趣，在问题的驱使下锻炼了数学创新能力。

3. 在"融合"类作业探索中培养学生综合思维能力

教师在《位置与方向》一课中可以设计融合类作业。例如，利用位置与方向、统计与概率、排列与组合等相关知识，围绕长征走过的路、长征吃过的苦、长征打仗时使用武器这三个主题，设计与长征相关的数学题，开展数学综合实践活动，从数学的角度让学生描述长征之路，体会长征精神。

本次活动将学生置于动态的学习环境中，充分发挥了学生的主体作用，在宽松融洽的氛围中，开展多角度、多层次的开放式探究活动，让学生从数学的角度体验了长征的艰辛和伟大，加强了数学与其他学科的联系，体会了数学知识之间的内在联系，感受到了数学的魅力和数学的价值。

《人教版小学"数学广角"教学策略研究》
结题报告

《人教版小学"数学广角"教学策略研究》结题报告的具体内容见表1-7。

表1-7

课题名称	人教版小学"数学广角"教学策略研究				
关键词	人教版　　数学广角　　数学思想　　教学策略				
结题报告摘要	《人教版小学"数学广角"教学策略研究》是针对我校在数学广角教学中忽视数学思想方法的渗透、忽略学生思维、课堂低效提出的，本课题紧紧围绕"灵活的教材观，开放的教学观，建构主义的学习观"，对我校数学老师在数学广角中的教学和学生的学、数学广角的教学内容研读梳理、数学广角的教学目标、数学广角课堂教学现象、数学广角的教学策略等方面进行了研究，最后形成了数学广角有效性的教学策略。总之，课题的研究，使我校的数学广角课堂教学模式、教学方式以及学生的学习方式有了很大地起色和改变				
立项时间	2012年10月26日　　批准号：〔2012〕23010511B				
负责人	姓名	岳小芳	职称	一级教师	职务	副校长
	工作单位	榆中县文成小学		电子邮件	877854399@qq.com	
主要参加者	姓名	工作单位	职务职称	承担任务		
	崔建民	甘肃省教科所	中国教育学会小学数学专业委员会委员、特级教师	全面指导课题实施		
	金明俊	兰州市东郊学校	高级教师	主要研究课题模式、参与课堂实践、论文的撰写		
	张继水	榆中县文成小学	高级教师	调查表的设计、课堂实践、论文的撰写、资料收集		

续 表

主要参加者	施立强	榆中县文成小学	一级教师	调查报告分析、课堂实践、论文的撰写、资料收集
结题时间	2014年11月			
报告执笔人	岳小芳			

2012年10月26日，经中国教育学会学术委员会评定，课题组申报的课题《人教版小学"数学广角"教学策略研究》被确立为中国教育学会"十二五"科学规划课题。两年来，我们严格遵守《中国教育学会教育科研课题管理办法（试行）》的有关程序和要求，认真开展各种活动进行实践研究，现在已初步完成预定的研究任务。

一、问题的提出

2012年5月，我校数学组进行人教版数学广角同课异构活动，通过课堂展示，我们发现对数学广角的教学，教师们存在诸多问题：有一些教师的自身教学素养先天不足，学科功底浅薄不肯钻研，自认为难以把握这一板块的知识，所以将"数学广角"沦落为可教可不教的教学内容，逐渐成为被遗忘的角落；还有的教师觉得数学广角很有意思，整堂课一味给学生灌输知识，忽视学生思维的培养与数学思想的渗透，淡忘了数学广角的初衷；还有些教师的课堂虽然很热闹，但是学生的讨论没有质量，也缺乏数学思想的提炼，整节课显得低效，甚至无效。

基于以上现象，我们提出了对"数学广角"教学策略的研究与探索。相信通过对"数学广角"教学策略的研究，我们能更好地理解教材的编写意图；更好地把握教材，选择教学素材；更合理地定位教学目标；更合理地设计教学活动。

二、课题研究意义与任务

（1）通过对数学广角内容的研究，使教师对人教版小学数学广角的编排和所渗透的数学思想有系统地了解。

（2）通过对数学广角学习方式的研究，提高学生对数学广角学习的兴趣，让学生主动参与到数学教学过程中来，根据自己的体验，逐步领悟数学思想方法。

（3）通过对数学广角教学方式的研究，切实提高了教师与学生的数学素养，使数学思想方法渗透在教师教育教学过程中，提高教师灵活应用教材、使用教材和处理教材的能力，提高教学效率。

（4）通过对数学广角策略的研究，加强了我校数学组进行校本教研活动的能力，促使课题组成员专业化成长。

三、课题研究的方法与过程

（一）研究对象

文成小学一至六年级学生、部分数学教师及人教版1~6年级数学广角内容。

（二）研究方法

1. 文献研究法

通过查阅文献来获得相关研究数学广角的资料，全面地、正确地了解数学思想方法。

2. 个案研究法

从数学广角本领域出发，针对具体实验课例、某一教学片段或者学生某一发展时期等进行个案研究，最终提炼出共性的结论来。

3. 行动研究法

行动研究法，即在教与学的过程中，边实践，边探索，边总结，边完善，再总结，再完善，再实践，把研究与实践紧密地结合起来，最终探索出提高数学广角的有效策略和数学思想方法的运用。

4. 调查研究法

调查和分析学生学习数学的习惯、数学课堂学习状况及我校数学教师课堂教学行为，为构建教学数学广角教学活动模式提供基础。

5. 实践研究法

随机选择1~6年级各一个教学班作为实验班，对新的教学活动模式进行实践，总结经验。

（三）研究的基本过程

本课题的研究，主要经历了以下几个阶段。

第一阶段：课题申报阶段（2012年7月—10月）

本阶段主要完成了以下几项工作。

1. 成立课题组

学校根据课题研究的需要，选定学校省级骨干教师岳小芳老师任课题组组长，兰州教育学院副教授许勤为课题指导老师，学校3位骨干教师为课题组成员，同时邀请省教科所高级教师王春梅老师审核我们课题选定的必要性和课题的实践意义，为课题顺利开展研究打下了基础。

2. 进行研究课题的选择与论证，并进行了可行性及重要性的分析

课题组根据需要，邀请了多位小学数学教研专家，对课题进行了讨论与论证。专家从实施素质教育和国家课程改革的角度出发，对课题提出了指导性的意见，为课题的开展指明了方向。

3. 完成了课题申报与立项工作

通过充分的前期资料准备，完成了课题立项的申报工作，本课题于2012年5月30日被确立为甘肃省教育科研"十二五"规划课题和兰州市教育科研"十二五"规划课题。

第二阶段：实施阶段（2012年11月—2014年1月）

1. 开题学习：（2012年11月）

课题立项以后，2012年11月课题组长组织召开了课题组管理人员、研究人员参加的开题会议，明确了分工、任务及课题组人员须遵守的制度。课题组从结合实验对比研究的需要，确定从1～6年级进行实验，每个年级分别确定了一个实验班和一个对比班，进行实验教学和常规教学的对比研究。11月底课题组召开第二次课题组会议，对拟出的课题方案讨论修正，重点研究工作开展的内容、程序与步骤，并对下一阶段课题研究进行分工安排。

2. 研读教材：（2012年12月—2013年7月）

12月，课题组首先对本校全体数学教师、部分学生进行了问卷调查。通过调查分析，所测实验班和对比班的学生均有较好的基础教育，约80%的学生都觉得学数学枯燥，自己不能主动学习，缺乏对数学的思考能力，被动接受较多。约90%的教师认为数学广角教学较难，对教材设置、渗透的数学思想方法、目标定位都挖掘不深。了解了师生状态以后，课题组召开会议，确定先以梳理、学习相关数学广角内容为起点进行研究。2013年3月课题组召开阶段性研讨会，并邀请榆中县教研室马主任参加指导，此次研讨会分三个层次进行：第一层次，各成员将自己对数学广角内容的梳理、所蕴含的数学思想、教材意图等，通过课件展示进行了详细描述；第二层次，课题组组长岳小芳对人教版数学广角各册内容之间的联系、区别作了深刻地分析，谈了自己的见解；第三层次，马主任对数学广角产生的背景、数学广角教学现状、目标定位、学生课堂行为的有效性等作了介绍，给课题组提出了指导性意见和建议。5—7月课题组成员相互听课，探讨梳理数学广角中蕴含的数学思想并在课堂中渗透，学习数学广角课堂实录，然后确定一节课进行课堂实践，交流研讨，反思修正，再实践再反思。

经过半年多的理论学习、研讨、课堂实验，课题组成员对数学广角中蕴含的数学思想和方法有了一定的感悟，并结合自己的积累经验查阅相关资料，进一步补充自己在数学方面匮乏的知识，提高自己的数学素养。课题组就课题的实施情况进行分析，对课题方案提出修改建议，总结这一阶段工作进展情况，安排下一阶段任务。

3. 课堂实践：（2013年9月—2014年1月）

2013年9月—7月，本阶段主要进行教学设计、同课异构、专家指导、再设计再上课、寻求策略。首先确定4位教师进行研究，备课时主要从解读教材、把握教学目标开始，以同一教材的不同设计为抓手，让学生感受数学思想方法的奇妙与作用。其次是同课研讨，在全校范围内进行，邀请县教研室马主任指导点评；根据专家建议，课题组集体备课，实验人员第二次上课，说课，初步形成策略；下半年，校外课堂交流，听取意见，固化策略；形成典型案例，撰写教学反思，完成课题中期报告。

第三阶段：总结推广（2014年3月—10月）

1. 全面总结实验情况

课题组在校内进行成果展示，邀请市、县专家点评，召开课题组会议，初步论证数学广角教学策略及课堂教学模式，整理典型案例，撰写教学反思。

2. 预定下阶段推广工作和实验思路

课题结束后，课题组将继续对实验班和对比班进行研究实验。

3. 整理资料

完成《人教版小学"数学广角"教学策略研究》课题研究报告，向中国教育学会提交书面的《中国教育学会"十二五"科研规划课题结题申请书》，召开结题鉴定会。

四、课题研究的内容

（一）研读教材，梳理内容安排及其特点

1. 理解数学广角的编排意义

"数学广角"较为集中地安排了训练思维的教学内容，试图在渗透数学思想方法方面做一些努力和探索，把重要的数学思想方法通过学生日常生活中最简单的事例呈现出来，以解决学生容易接受的生活问题的形式，通过实验、观察、操作、推理等数学活动进行渗透，激发学生探索数学问题的兴趣和解决问题的意识，发展思维能力，让学生在活动中感悟数学思想方法，促进学生数学素养的提升。

2. 梳理数学广角内容（表1–8）

表1–8

册数	主要内容	数学思想方法	教学要点及建议
二年级上册	简单的排列例1（与顺序有关）	分类讨论、逻辑推理思想	让学生说一说有序排列、巧妙组合的理由，体会到有顺序、全面思考问题的好处。（引导学生从数学的角度考虑问题）
	简单的组合例2（与顺序无关）		
二年级下册	稍复杂的图形和数列的排列规律	排列、推理思想	找出稍复杂的图形排列规律，经历观察、猜测、验证等活动过程，了解分析问题和解决问题的一些基本方法，培养解决问题的能力和初步的观察、分析、推理能力
三年级上册	稍复杂的排列组合	分类讨论、有序思考的思想	采取学生动手实践、小组合作学习的方式进行教学，让学生根据实际问题采用列举、连线等方法感受简单事物的排列数与组合数

册数	主要内容	数学思想方法	教学要点及建议
三年级下册	简单的集合问题	集合思想	要求学生能根据提供的信息，借助集合圈进行判断、推理，得出结论，初步接触和运用集合圈分析问题、解决问题
	简单的等量代换问题	等量代换思想	
四年级上册	合理安排（烙饼、排队论、田忌赛马）	运筹、优化、对策论思想	让学生经历自主探究的过程，体验解决问题的策略多样性，并在寻求解决问题的最优方案的过程中积累数学的基本活动经验，感悟优化的数学思想
四年级下册	简单的植树问题	化归、模型思想	向学生渗透化归思想，同时使学生感悟到应用数学模型解题所带来的便利
五年级上册	简单的数字编码	数字编码的思想方法	通过观察、比较、猜测来探索数字编码的简单方法，让学生学会运用数字进行编码。初步培养学生的抽象、概括能力
五年级下册	找次品	优化思想	能够借助纸笔对"找次品"问题进行分析，归纳出解决这类问题的最优策略，经历由多样化到优化的思维过程；引导学生采用观察、模拟实验、表格、验证等方式方法
六年级上册	鸡兔同笼问题	假设、方程思想	让学生尝试用"假设法"和列方程的方法解决问题，感受解决"鸡兔同笼"问题的不同思路和方法
六年级下册	抽屉原理	数学建模思想	经历"抽屉原理"的探究过程，初步了解"抽屉原理"

　　"数学广角"作为人教版数学课标实验教材新增的特色板块，其内容新颖、与生活联系密切，活动性和操作性较强，使得"教"与"学"都有着较大的探究空间，学生对这块内容的学习有着浓厚的兴趣。人教版教材利用"数学广角"这一板块系统而有步骤地渗透数学思想方法，尝试把重要的数学思想方法通过学生可以理解的、生动有趣的形式呈现出来，使学生通过观察、操作、实验、猜测、推理与交流等活动，初步感受数学思想方法的奇妙与作用，受到数学思维的训练，逐步形成有序地、严密地思考问题的意识，同时使他们逐步形成探索数学问题的兴趣，以及发现、欣赏数学美的意识。

（二）分析教材，用好教材

课题组在研究数学广角时，做到了分析教材，用好教材。分析和研究教材是每一位教师所做的日常工作。我们对人教版数学教材中的11个"数学广角"单元的内容通读一遍，对教材编写的指导思想、编排意图、主要内容等做到心中有数。在分析某一课时教材时，我们对这一课时教材作全面分析，如本课时在本单元的地位，本课时的重点难点，本课时内容与其他内容之间的横向、纵向的联系，如何处理教学内容，等等。教材是课程实施的一种文本性资源，是师生对话的"话题"，是一个引子，或者是一个案例，而不是课程的全部。教材是可以超越、可以选择、可以变更的。教师的任务是用教材教学生，而不是教学生学教材。在对教材的处理方法上，教师要善于结合本地的实际情况，联系学生的生活实际和学习实际对教材内容进行修正、开发和创造。

1. 一年级下册（找规律）、二年级下册（推理）教材分析（表1-9）

表1-9

年级\\分析项目	一年级下册（找规律）	二年级下册（推理）
知识结构	1.通过颜色、形状找规律 2.通过数字的变化找规律，当每个数都不相同时，先算出每两个数之间相差多少，然后找规律	例1（理解逻辑推理的含义） 例2（用逻辑推理解决问题）
已有基础	学生在生活中对"规律"已经有了许多感性认识，在"分类与整理"单元因为要选择分类的标准，学生对于发现规律的角度（如颜色、形状等）也有所积累	学生在一年级下册的教材中已经学习了一些图形和数的简单排列规律，而在这一单元中教材有意联系学生熟悉的生活情境，让学生经历推理判断的过程，促进其逻辑思维的发展，拉近数学与生活的联系，体会数学在生活中的应用（但学生没有明确的意识）
教材特点	只教学简单的图形和数字的排列规律，重在让学生了解什么是规律。有规律排列（至少重复出现3次）	教材通过简单情境的分析，引导学生进行有条理的思考，并能较为清楚地表达自己的思考过程与结果，培养学生合情推理能力
学情观察	教师重点关注中下水平学生的学习情况	教师重点关注中下水平学生的学习情况

分析项目 \ 年级	一年级下册（找规律）	二年级下册（推理）
课时	建议4课时	建议4课时
数学思想方法	培养学生初步的观察、操作、推理能力。逐步形成有顺序地、全面地思考问题的意识	能借助文字、连线、表格等方式整理信息，并按一定的方法进行推理，培养初步的有序地、全面地思考问题及数学表达的能力
第一学段要求	参与数学活动，积累综合运用数学知识、技能和方法等解决问题的数学活动经验。在观察、实验、猜想、证明、综合实践等活动中培养合情推理和演绎推理能力，能够清晰表达自己的想法。学会与他人合作交流，在学习数学过程中，体验成功的乐趣，建立自信心	
教学策略	教学突出趣味性，体现开放性，控制好教学的度	

2. 一年级下册"找规律"实验片段简述

（1）课前对学生学情进行调研和分析。

虽然一年级下册找规律没有归到数学广角领域，但其数学思想对后面研究"推理"起着很重要的作用。所以课题研究从一年级找规律开始。学生对规律的认识不是一张白纸，上学之前已经接触到生活中的一些与规律有关的现象，在幼儿园已经尝试找一些图形或数字的排列规律，并用玩具试摆。鉴于此，课题组一致认为学生已经具备初步的找简单图形和最简单数字排列规律的能力。所以实验老师模拟例题进行课前测试，测试分两步完成。第一步：笔答。第二步：调研全做对的同学解决问题的想法（表1-10）。

课前进行学情调研测试，共发53份试卷，收回有效试卷50份，题目如下。

接着画一画（涂一涂）：

① △△○△△○△△＿＿＿ ＿＿＿（接着画一画）。

② ↓↑↓↑↓↑ ↓＿＿＿ ＿＿＿ ＿＿＿（接着画一画）。

③ ◇◇◆◇◇◆◇◇◆◇◇◇◇◇◇（接着涂一涂）。

表1-10　调研结果分析

前测试题	①	②	③	总体正确率	备注
出错人数	3人	1人	2人	88%	全班53人，2人请假，1人未交，收回有效试卷50份
错题情况	1人少画△，2人△方向画反	箭头方向画反	规律判断有误		
正确率	94%	98%	96%		

　　第一题有3人错误，其中1人由于粗心对规律判断错误，少画了△，2人对图形有规律的排列比较清楚，但忽略了三角形顶角和底的方向；同样第二题错误的同学忽略了箭头的方向；第三题2个学生对有规律的排列判断有误。测后，这几个学生在老师的启发下又重新做了，正确率100%。通过调查，这6个学生中5个是县城附近农村的学生，学前教育只上过一年。其余全对的44个学生，都能用自己的语言说出为什么那样做，这些学生都上过正规的幼儿园，县城户口的占72%，而且能说出很多生活中、音乐节奏中有规律的排列。此调研分析足以说明一年级的学生对有规律排列是有认知的。

　　（2）"找规律"教学片段分析。

　　实验内容：一年级下册《找规律》教学第一课时例1、例2。

　　知识结构：①通过颜色、形状找规律。②通过数字的变化找规律，当每个数都不相同时，先算出每两个数之间相差，然后找规律。

　　教学关键：理解规律的含义，初步掌握找规律的方法。

　　教学难点：能够尝试表达发现的规律，并会运用规律解决一些简单的问题。

　　教学过程：

　　一、激趣引入

　　课件出示两幅图：一幅图有规律排列，另一幅杂乱无章。

　　师：大家喜欢哪一幅？为什么？

　　设计意图：此情境设置依据学生们已有的生活起点，直奔主题，让学生感受有规律排列的好处，初步感性认识规律。

二、教学新知

(一)课件出示例1情境图（最简单的图形变化规律）

师：图中有什么？发现有什么规律？用自己的语言表达对规律的理解，按发现的规律在图上圈一圈。

设计意图：例1的教学核心是通过引导学生观察情境图，理解最简单的图形变化规律，并用自己的语言叙述，此环节的设计符合学生的年龄特点。教师的设计始终以学生的生活经验为基点，让学生在趣味中观察、欣赏、猜测，在美的感受中学习数学，更好地达成学习目标。

(二)看谁最聪明

师：按自己喜欢的规律涂色（课本"做一做"）

设计意图："做一做"是个开放的练习，在这里教师鼓励性的语言更能激发学生们探寻规律的兴趣，也加深了学生们对规律的理解。

(三)课件出示例2情境图（数字交替出现的规律）

教师：碗的排列有什么规律？与前面有什么相同的地方？又发生了哪些变化？（小组合作学习，教师巡视指导，鼓励每个学生都参与进来，发表自己的见解，教师点评。）

设计意图：教学时，教师除了借助教材的素材外，还利用学生熟悉的生活或校园环境中的素材，呈现内容丰富、形式多样的"规律"，帮助学生通过对比性的分析，更全面、深刻地认识规律，很好地调动了学生学习的积极性。

（3）本单元结束后，课题组围绕学生对简单规律的理解情况进行评价。

①找规律，填一填。

8 88 8 88 8 88 ＿＿＿ ＿＿＿ ＿＿＿ ＿＿＿
8 88 888 ＿＿＿ ＿＿＿ ＿＿＿

设计意图：通过这组题，可以了解学生找图形排列规律的一般水平。

②根据规律填出下面各组数列中缺失的数。

2		6	10	（　）	18	（　）
23	（　）	15	11		3	
2	4	8	14	22	（　）	44

设计意图：通过这组题，可以诊断学生理解规律的水平差异。

　　测试结果，95%的学生都能做对，5%的学生错在不能发现差之间的规律。通过谈话了解到，错的这些学生在学习上属学困生，在认知水平上存在差异，通过老师有针对性地讲解后，还是能理解规律的，但不能灵活地掌握与运用。

　　所以，把握数学广角内容间的横向联系，逐步渗透数学思想方法，培养学生初步的"模式化"数学思想很有必要。之后，课题组又对二三年级的《搭配》进行实践。

3. 二三年级《搭配》教材分析（表1-11）

表1-11

年级 / 分析项目	二年级上册《搭配》	三年级上册《搭配》
内容	简单的排列例1（与顺序有关） 简单的组合例2（与顺序无关）	通过探讨衣服和下装的不同搭配，找出不同穿法的组合数
知识结构	最多只涉及3个事物的排列数或组合数	在二年级排列与组合的基础上，本册教材更加系统和全面
已有基础	学生在一年级通过学习找规律，已经有了初步的观察能力，本节课的排列组合思想在生活中应用广泛，为后面学习概率统计知识做铺垫	学生早就已经对穿衣服、数字的排列等有了一定的感性认识，对不重复、不遗漏的思考方法也有了初步的感知，但有序思考的能力较弱
教学目标	通过操作、观察、猜测等活动，使学生了解发现最简单事物的排列和组合数的基本思路、基本方法，初步培养学生有序、全面地思考问题的意识，初步体会排列与组合的思想方法	经历探索解决问题的过程，训练有序、全面思考问题的能力，提高知识迁移类推能力；感受数学在现实生活中的广泛应用，能尝试用数学方法来解决实际生活中的问题
核心目标	主要是让学生通过操作、观察、猜测等方法，发现3个不同数字组成两位数的排列数、3个数字两两求和的组合数	利用罗列、连线的方法，找出简单事物的排列数与组合数，并能感受到有的与顺序有关，有的与顺序无关，不要拔高要求
思想方法	二年级的教学目标主要是让学生体会策略的多样性，认识到有序思考的重要性，感受排列与组合的区别	三年级的主要目标是让学生学会有序思考，探索搭配问题的规律，体会符号化思想，更关注探究的方法和结果
教师关注	教师重点关注中下水平学生的学习情况	教师重点关注中下水平学生的学习情况

年级 分析 项目	二年级上册《搭配》	三年级上册《搭配》
课时	建议4课时	建议4课时
第一学段 要求	探索简单情境下的排列组合规律，在观察、实验、猜想、证明、综合实践等活动中培养合情推理和演绎推理能力。教学"核心"是培养学生不重复、不遗漏、有序思考的能力	

同课在不同年段出现，如何把握教学的分层目标呢？针对这一问题课题组进行试验。

二年级上册《搭配》教学（片段一）：

师：同学们，今天老师为大家带来了3只可爱的小动物，你们看它们是谁呀？（边说边出示课件：小狗、小鸭、小鸡）小狗、小鸭和小鸡三个好朋友今天准备到小猫家去做客呢，可是刚走了一半路，突然下起雨来，它们三个只有小鸭和小鸡带了伞，小狗没带伞，怎么办呢？

设计意图：不拘泥于教材，利用学生感兴趣的故事引入新课，引起学生的共鸣。同时渗透了简单组合及根据实际情况合理选择方法的数学思想，起到了一举两得的作用。

师：三只小动物到了小猫家，却发现大门紧闭，门上还挂着一把锁，锁上有一张纸条写着：

欢迎你们的到来，为了考考你们的智慧，我给你们出一道题。请你们先想办法把这把密码锁打开，锁的密码提示是：请用数字1、2、3摆出所有的两位数，密码就是这些数从小到大排列中的第4个。

——小猫留字

师：那么我们就先每人拿出数字卡片，自己摆一摆，边摆边记，完成后，再小组内交流汇总，组长把整个小组摆出的数全写出来，当然重复的数字不用再写，然后全组同学一起把这些两位数从小到大排列起来，找到密码。

设计意图：此环节的设计，教师紧扣学生的年龄特点，以帮小动物开密码锁的方法来进行数的排列教学，使学生在充满兴趣的状态中不知不觉地进入了摆数活动，让学生在体验中感受，在活动操作中成功，在交流中找到方法，在学习中应用。同时，本环节从学生已有的知识基础出发，适当增加了难度，让这个密码出现在所有的两位数从小到大排列的第4个，这也达到了"下要保底、上不封顶"的设计意图。

三年级上册《搭配》教学（片段二）：

图片出示：短衣、长衣、短裙、长裙和长裤这五种，让学生进行搭配，要求上身任选一件，下身任选一件算是一套。

师：大家首先猜一猜有几种穿法？

师：下面我们在练习本上写一写或画一画，看看到底可以搭配成几种。
（学生探索）

师：请同学到讲台上把不同搭配进行展示。（想出一种的、两种的……六种的）

设计意图：学生的方法有的是乱的，有的是对的，而老师充分尊重每一个学生的探索结果，包括各种错误的都进行了展示，没有说谁对谁错，而是借用学生们的生活语言进行编码，交流与纠错，评价与感悟，虽然课堂花费了大量的时间，但让学生们经历了思考的过程。

师：你们同意3种的、5种的、6种的……哪种？为什么？

师：我们还可以再多，看第六种是短衣和裙子，第七种是短衣和裙子，可以吗？

生：重复了。

师：那你们的标准是什么？

生：不多不少。

师：不多也就是（生：不能重复），不少也就是（生：不遗漏）。

师：你们发现写3种的、5种的和6种的有什么区别，哪儿不一样？

生：3种的、5种的写得乱，6种的写得全，有规律。

（板书："乱""全"）

师：怎样从"乱"到"全"呢？

设计意图："全"的标准是什么？怎么由"乱"变为"全"？首先，教师让学生自己建模，通过交流学习新知，总结出要有规律地搭配才可以不重复不遗漏。接着，教师在黑板上有序地板书，给学生一个清晰的思路。最后，教师让学生归纳搭配的方法。教师把数学思想的渗透功夫花在让学生有效地、多层次地体验上，通过师生之间的交流、谈话，学生水到渠成地悟出了原先的排列"乱"且无序，要想搭配"全"，就要按照一定的顺序来配——板书："有序思维"。整个教学过程没有一句算理、一句概念（有序、不重复、不遗漏），有的只是学生自己的儿童语言（乱了、漏了、全了），数学方法的建模就这样悄无声息地完成了。

以上两个成功的实验教学片段，都是通过解决有关组合知识问题，渗透数学分类讨论、有序思考的思想方法，不难发现二年级的教学目标主要是让学生体会策略的多样性，认识到有序思考的重要性，感受排列与组合的区别；三年级的主要教学目标是让学生学会有序思考，探索搭配问题的规律，体会符号化思想，关注探究的方法和结果。两个案例都在用好教材、优化教学内容上下了功夫，所以，此案例教学提示我们，研究教材不但要注意教材的横向联系，也要注意纵向联系。

例如，第七册的运筹问题、第十册的找次品问题以及第十二册的抽屉原理，解决问题时都要考虑"至少"的问题，都在多种解决策略中寻找最优的策略，都要运用推理能力、最不利原则和渗透优化思想。学习"数字编码"的时候，自然地要同"找规律"这一个知识点进行嫁接；解决"封闭方阵中的植树问题"时需要用"重叠问题"来诠释；植树问题和鸡兔同笼问题都很注重数学模型的构建，一般都得经历"问题模型—构建模型—解释应用模型"的学习过程。所以只有把握好数学广角内容的横向、纵向联系，才能将课堂变成师生共同绽放智慧的舞台。

（三）研究学情，合理设计教学环节

通过一年的教材研究，课题组成员基本能合理确定各年段数学广角的教学目标，设计教学环节。为了更进一步促进学生在"最近发展区"内自主建构知识，我们精心选题，进行课堂实验。但在实际课堂操作时，我们发现对学生的学习起点和目标定位还是存在问题。

案例研究片段一：课题组张继水老师上的五年级下册实验课《找次品》

师：这里有5瓶钙片，其中1瓶少了3片，设法把它找出来。

（教师直接抛给学生5瓶钙片让学生找次品，学生们显得有点力不从心，在教师耐心的引导下，学生们才理解了要干什么。课后了解到，本班学生的成绩一般，平时在数学思维方面的训练较少。看来，这样的设计忽视了学生们的学习起点，目标拔得有点高。）

修改教学设计，进行第二次试验，实验之前，了解学生们的学习成绩。

师：这里有3瓶钙片，其中1瓶是次品，你们有办法把少了3片的这瓶找出来吗？

课堂观察：学生们开始想办法，有的以手为托盘，比画着，争论着；有的直接将钙片放到天平的托盘上称，寻找办法。

设计意图：此环节是在充分了解、研究学生已有知识的基础上，根据学情的不同设计的，先以3个待测物品为起点，降低学生思考的难度，完成初步的逻辑推理。从此次研究片段中可以看到，学生们的思维是灵活的，能自己找出解决问题的方法。

案例研究片段二：课题组刘燕老师上的四年级下册实验课《植树问题·一》

刘燕老师执教的是本班学生，学生基础知识扎实，学习能力比较强。

情境题设计：在100米长的小路的一边栽树，每隔5米栽一棵，一共要栽多少棵？

（1）看了题目，你想到了什么？你想怎么种就怎么种，在纸上画一画。

（2）分小组或独立研究。

（3）研究情况和结果汇报。

（4）研究情况和结果评价与小结。

设计评述：课本原题有"两端都栽"这个限制条件，而刘老师根据本班学生的学习情况，在设计中去掉了"两端都栽"这个条件，呈现的问题是开放的，激起了学生们探究的欲望，整个课堂是灵动的，具有生命力的。

案例研究片段三：课题组刘燕老师上的四年级下册实验课《植树问题·二》

课题组刘燕老师在校际交流时，在其他学校按原来的设计再次上《植树问题》一课，导致课堂沉闷，学生们无处下手，最后只好引导学生们依次按"两端都栽""只栽一端""两端都不栽"。三种情况分别来研究。下课通过调研，这个班的学生平时成绩还不错，但从课堂看，学生们不善于思考，不善于交流。这说明我们的数学课堂缺乏思考性的教学，缺少对学生思维方面的培养。

所以，教师除了深入研究教材，合理确定教学目标，确保正确的教学方向外，还要深入研究学情，了解学生的学习起点和学习规律，使教学进程符合学生的思维规律，促进学生在"最近发展区"内自主建构知识。

（四）研究资源，灵活充实探究素材

"数学广角"的素材都来源于生活。在实验教学中，课题组的老师们通过充分挖掘学生生活、学习中的资源作为数学素材，设计有趣、有效的数学活动，将数学思想方法灵活应用。

教学研究片段： 施立强老师上的四年级上册数学广角《合理安排》一课

原情境呈现： 有三艘船在码头卸货，只能一船一船地卸货，甲船卸完要8小时，乙船卸完要4小时，丙船卸完只要1小时，要使三艘货船等候时间的总和最少，应该按怎样的顺序卸货？

施老师第一次试教： 直接利用课本原情境教学，课后，发现很多学生不能理解题意，通过调查，学生对例题情境不熟悉，对"三艘货船等候时间的总和最少"不理解，所以第一次试教不成功。

施老师灵活处理情境素材第二次试教： 直接将主题情境改为学生等待批改作业的情境。教师要面批甲乙丙三人的作业，分别需要8分钟、5分钟、10分钟。如果教师先批改甲的作业，乙和丙需要等多长时间？批完甲的作业后，批改乙的作业，丙需要等候多长时间？最后，教师批改丙的作业，甲和乙需不需要等候？在教师批改作业的过程中，甲乙丙总的等待时间有多长？如果教师先批改乙或丙的作业，他们三人等候的总时间还一样吗？学生在教师的引导下，体验研究。

设计意图： 本节课的第二次的设计，教师巧妙地借助学习生活中的真实情境作为学习素材，这样，学生很容易理解"等待时间"和"等待时间的总和"，可以亲身体验等待过程，最后通过比较、归纳得出，教师只有按照面批所需时间从少到多的顺序批改作业，才能使学生等候的总时间最少，以此学生就很容易理解，按照卸货所需时间从少到多的顺序卸货，等候的总时间最少。

选取学生熟悉的生活素材作为"数学广角"的探究内容，能激发学生探索知识的兴趣，有利于学生利用生活经验解决问题，感受数学思想方法在生活中的应用，体验生活中的数学智慧。

（五）研究课程，深刻把握教学价值

教师只有深刻把握数学广角教学价值，才能让学生体会到其中蕴含的数学思想方法。

"优化"的数学思想方法在生活中经常用到，因此在教材"数学广角"中呈现了许多生活实例，多次让学生学习这一思想方法。比如五年级下册"数学广角"以"找次品"为素材，让学生探究找出次品的最优策略，并应用优化的方法解决问题；还有四年级上册"烙饼"和"沏茶"的问题情境，引导学生从优化的角度思考，最大限度地节省时间。此外，"数学广角"的内容还比较强调数学文化的渗透，如在引入鸡兔同笼、抽屉原理等问题的同时介绍了有关数学知识的背景，渗透数学文化。

总之，在教学"数学广角"时，教师要找准学生的最近发展区，充分挖掘、利用学生身边的资源，调动学生学习的积极性，引导学生参与、观察、操作、分析、概括等活动，体会和运用解决问题的策略及其蕴含的数学思想方法，这样的数学教学才是有价值的。（表1–12）

表1–12

课例	授课人	教学内容的优化组合	灵活充实整合素材	渗透数学思想方法	效果分析
二上《搭配》	岳小芳	结合北师大版设计，教学的安排稍做改动，设计了学生熟悉的卡通人物米老鼠邀请同学去参观数学广角，渗透排列的思想	在"服装搭配""握手活动""数学游戏"等一系列的活动中，渗透有序思想	在活动中把简单的排列思想方法渗透给学生，让学生在不知不觉中感知排列与组合的思想方法	学生在玩中学，学中玩，体验到学习数学的乐趣
三上《搭配》	岳小芳	例1、例2、例3共三个知识点，三个知识点的教学由教师根据学生的情况自行决定	将例1和练习中的第1、2题整合在一块作为新授，凸显"有序"思想	通过多个事例让学生理解组合的含义，获得解决简单的组合问题的有序思路，形成不重不漏的思考方法	学生充分地动脑、动手、动口，能灵活地解决问题

续 表

课例	授课人	教学内容的优化组合	灵活充实整合素材	渗透数学思想方法	效果分析
三上《搭配》	岳小芳	通过教材整合大量的事例理解组合的含义			
五下《找次品》	施立强	在探索活动中，把5瓶变为2瓶、3瓶，化繁为简让学生讲清思考过程	在探索为什么将待测物尽量分成三份时称的次数最少这个问题时，引导学生在奇数、偶数、3的倍数、不是3的倍数的待测物中进行试验，理解优化选择	在9瓶的探索活动中，学生通过观察发现，在平均分成3份时则是次数最少，旨在通过"找次品"渗透优化思想，感受数学的魅力	学生通过多样化解决问题，体验到了成功的乐趣，增强了自信
四下《植树问题》	张继水	通过剪纸条，了解段数与点数之间的关系；设计植树方案，发现植树问题中的一个规律并总结	补充折纸、路灯等素材，让学生发现不相关联的事件中存在着内在的本质的联系，使数学问题生活化，直切本节课的主旨，直接突破难点	课的引入、探究环节的设计都是开放性的，使学生在探究的过程中，了解到在不封闭的直线上植树会出现的三种常见类型，自觉运用分类与整合思想研究植树问题	植树问题的核心思想是建模思想，教师开放性的设计使不同学生都学有所获

通过平常的实验课和对上面几节各年级的典型课例进行分析对比，可以看出老师们在平时教学中渗透了课题研究的思想，在课堂教学中，能结合不同教学内容，根据不同年段学生的年龄、心理特点、知识经验创设有效的问题情境，构建问题模型，通过解决过程，渗透数学思想方法，切实提高了学生的数学思维能力。

由此，达成了数学广角研究的具体教学策略。

1. 分层定位目标，让不同层次的学生体验数学思想方法

由于数学广角设置的内容相对一般的教材内容有一定的难度和广度，教师在目标定位时，一定要根据学生的不同起点、思维能力的不均、制订有差异的知识能力目标，尽可能地让更多的人参与，处理好面向全体和关注差异的关系，真正做到"上不封顶，下要保底"。

片段一：目标分层，人人学有所获

在实验教学中，岳小芳老师执教的数学广角二年级上册《搭配》一课，就很好地进行了分层目标的落实。

情境导入：老师有一个小密码本，密码由字母B和C组成，可我忘记密码了。你们能帮我找回来吗？说说你的想法。

设计意图：教师导入情境的设置是以大多数学生的知识经验为起点的，这样的设计，降低了难度，照顾到了所有的学生，能使大多数学生掌握排列数的方法，培养有顺序、全面思考问题的意识，做到不重复、不遗漏排列的原理。

主题情境（视频资料）：学校每年都要组织一次足球赛，临比赛之前我才发现忘了给运动员准备号码牌。马上就要开始比赛了，你们快帮帮我吧！

要求：用1、2、3组成两位数号码，不能有重复数字。试一试能组成多少个不同的号码呢？已经找到方法的同学将自己的想法认真梳理后和同学们分享。

设计意图：在探究排列方法这个环节中，教师首先让所有学生经历由2个数过渡到3个数的排列，以"试一试"来鼓励中下水平的学生，以"已经找到方法"来激励中上水平的学生进一步探究规律，通过这样的目标分层定位和有层次地落实，整个课堂气氛活跃，人人都能参与到教学活动中，人人都在不同层次上学有所获。所以在数学广角教学时，教师不必刻意地拔高教学要求，数学思想方法的教学需要经历长期的渗透和不断地体验来感悟，而不是一蹴而就的。不能因"深挖教材就会使思维训练的层次越高"这个误导，将数学广角上成"奥数训练课"。

2. 关注学习过程，让数学思想方法逐步渗透到学生学习中

从学生的数学思想形成过程来看，一种思想的形成要比一个知识点的获得困难得多。学生的数学思想不可能像数学知识那样一步到位，它需要有一个不断渗透、循序渐进、由浅入深的过程，逐步积累而形成。所以数学广角教学要让学生体验学习过程，而不是简单地"告诉"结果！

片段二：关注过程，体验数学思想

张继水老师在上《找次品》时，把"为什么在找次品过程中，要尽量将物品平均分成3份称？"这个问题抛给学生，让学生们分组实验，让学生有充分的时间体验方法，选择最优化的分法。

学生1：以8为例验证，如：8（4，④）——（2，②）——（1，①），这样平均分成2份就需要称三次，而尽量平均分成3份：8（③，3，2）——（1，1，①）就只需称两次。

学生2：4（2，②）——（1，①）和4（1，1，②）——（1，①），虽然都是称2次，但在实际情况中，按前者的方法第一次称时，天平绝对不平衡，绝对还要称一次，而按后者的方法，天平可能平衡，这样可能一次就找出次品，不需再称一次。

学生3：10（3，3，④）——（1，1，②）——（1，①），不同在第二次称时，感觉在4个中找一个次品比在5个中找一个次品更简单。

学生4：如果将物品平均分成两份，那么天平第一次必然不平衡，而且不平的一方物品个数应占总数的1/2。但如果是将物品尽量平均分成三份，那么天平第一次称完后借助逻辑推理也应能够找到有次品的一份，这次有次品的一份仅占总数的1/3（约1/3）。物品总数的1/3小于1/2，所以平均分成三份可以加快找到次品的速度。

学生5：尽量平均分成3份能应用在所有数量的找次品问题中，使之找出次品的次数最少。

张继水老师的课后反思：想快捷、准确地解决此类型问题，教师可以用五分钟左右的时间向学生灌输结论性的解题方法，即每次尽量将物品平均分成三份（如不能平均分时，也应使每份的相差数不大于1），然后用大量时间让学生进行巩固练习，强化这种方法。这样的教学虽然短时高效，但却只重结论，忽视了学生探索精神的培养，学生少了发现后的欣喜与快乐，缺乏比较、综合等思维能力的锻炼。为此，我今天给予学生充足的时间去独立探索，尽量地体验不同称法，最后通过对比发现了结论。这样的教学显然费时较多，练习二十六第4、6、7题都没能在单元时间内完成，但学生们学得开心，思维十分活跃。

关注过程，要比得出结果重要得多；思维培养，要比反复训练重要得多。

通过课题实验，教师们的理念转变了，课堂策略多样化了，学生们有了探索的精神。

3. 灵活巧用素材，让数学广角更具数学味、更具思考性

《数学课程标准》指出：知识与技能、数学思考、解决问题、情感与态度是义务教育阶段数学课程的总目标，这四个方面的目标是一个密切联系的、不可分割的有机整体。和其他数学教学内容一样，数学广角的教学要实现知识技能、数学思考、解决问题、情感与态度四个目标。当然，这四个目标的分量不会是一样的，数学广角中内容思维含量较高。因此，教师在数学广角教学中应该更多地关注数学思考教学目标是否实现、应该如何实现，特别是对于数学思考达到怎样的层次应有明确的要求和准确的判断。所以，教师在数学广角教学中不论是在情境主题的呈现上还是在巩固练习的创设上，都是以学生感兴趣的日常生活情境作为学习素材的，在教学设计时要善于挖掘每个素材的独特功能，让数学广角更具数学味、更具思考性。

片段三：巧用素材，使教材立体化

张继水老师上的三年级上册《组合》一课，善于挖掘素材，利用教材，使学生获得的知识立体化，突出了对学生"有效思考"的数学思想培养。

情境设计一：

（1）课始：大黑很爱美，也很聪明，出发前拿出2件上衣和3件下装，马上就能想出自己可以有几种不同的穿法，聪明的小朋友，你们知道吗？请你先仔细观察，可以拿出学具摆一摆，也可以利用图形代表画一画，最后小组合作在题卡上连一连。

（2）课尾：如果是3件上衣和3件下装搭配，有几种不同的穿法呢？

情境设计二：

（1）课本练习。早餐搭配：牛奶、豆浆、蛋糕、油条、饼干。（饮料和点心各选一种搭配）

（2）拓展练习。早餐搭配：牛奶、豆浆、稀饭、蛋糕、油条、饼干。（饮料和点心各选一种搭配）

设计意图：本册教材设置了组数、早餐搭配、走路中的数学问题、拍照等情境，这些丰富有趣的情境牢牢地吸引着学生。如果教师在教学时只是让学生"用数字卡片摆一摆""用线在书上连一连饮料与点心的搭配""自己用笔画一画从儿童乐园到百鸟园的路线"或"用线连一连一共拍了几张照片",这些问题情境的设计与展开是平面的,除了情境的不同,要求上并没有提升,始终停留于具体操作层面,缺少数学化的过程。而张老师在教学时注重每一个问题情境的目标重心,如情境一与情境二的设计,衣服搭配、点心搭配都是从"二三搭配"拓展为"三三搭配",既是对前面思想方法的巩固应用,突出了"有序思考",又起到举一反三的作用。还有练习中的游玩路线问题则侧重于"符号思想"的应用,让学生思考"如何可以更清楚地表达路线",拍照问题则可以拓展为如果我们全班同学每个人都想单独和聪聪、明明各合一张影,一共要照多少张?只有这样发挥教材的编排作用,挖掘每个素材的独特功能,才能使学生的各种技能得到有效提升。

4. 夯实学习基础,让学生会用数学思想方法解决实际问题

在数学广角实验研究教学中,我们不但注重逐步向学生渗透数学的思想方法,更是精心设计教学内容,尝试让学生学会用这些思想方法解决一些简单的实际生活问题和数学问题,真正促进学生数学素养的提升。

片段四:自觉运用,内化提升

施立强老师执教的四下《植树问题》一课,精心设计每一个环节,让学生们在"悟"与"做"的过程中感悟数学思想。

(1)美化校园,准备在五边形的水池边上摆花盆,使每一边上都有4盆花,可以怎么摆放?最少需要几盆花?(可以先画画,再写思路)

学生们通过自己独立思考,得出以下方案:

方法1:角上不摆5×4=20(盆)。

方法2:角上都摆20-5=15(盆)或3×5=15(盆)或2×5=10(盆)。

方法3:一个角上摆4×3+4+3=19(盆)或4×5-1=19(盆)。

方法4:两个角上都摆4×5-2=18(盆)。

方法5:三个角上摆4×5-3=17(盆)。

方法6:四个角上摆4×5-4=16(盆)。

师:怎样摆放才是最少的呢?为什么?(重复使用最多)通过这道题你还想说点什么?

生：原来生活中很多类似的现象都能用植树问题的方法来解决。

设计意图：施老师将现实中的问题同化为"植树问题"，设计开放的问题，让学生们利用画草图、线段图等方式尝试解决，然后利用课件巧妙地演示验证学生们成果的过程，有效地提高学生们学习的兴趣，并渗透了数学思想方法。

五、研究的结果及分析

（一）数学广角课堂教学模式发生了变化

围绕人教版教材，结合其他版本优势，我们通过研究，构建了小学数学广角课堂教学的一般模式：问题模型（根据学生年龄特点优化教材问题设计）—构建模型（探究中感悟数学思想方法，总结规律）—解释应用模型（利用规律解决问题，感受数学思想方法的奇妙与作用）—迁移应用模型（将数学思想方法应用到其他数学领域）。

通过此模式的课堂实验，实验教师不仅在数学广角教学设计时注重数学思想方法的渗透，在数学其他领域的教学中也经常用到数学思想方法。比如：岳小芳老师在上《平行四边形面积》一课时，就以"转化"的数学思想为核心进行教学，获得省级一等奖。

总之，经过两年的课堂实践，实验班的课堂教学模式发生了较大变化，教师能灵活地使用教材，能注重学生深层次的参与，能关注学生的思维发展，课堂上能开展不同层面、不同形式的活动，保证每节课都能收到积极的效果。

（二）学生的学习成绩普遍得到提高

榆中县文成小学（2012—2013年第二学期）实验班、对比班期末考试成绩统计见表1–13。

表1–13

班级	平均分	知识技能		综合应用	
		不合格率（%）	优秀率（%）	不合格率（%）	优秀率（%）
实验班（一、1班）	94.85	3.64	73.99	13.93	67.89
对照班（一、2班）	94.57	4.26	66.15	16.11	62.36
实验班（二、3班）	89.23	9.68	65.59	23.16	63.33
对照班（二、4班）	87.65	10.20	62.53	27.85	61.57

续 表

班级	平均分	知识技能		综合应用	
		不合格率（%）	优秀率（%）	不合格率（%）	优秀率（%）
实验班（三、1班）	88.23	10.08	60.47	24.83	66.98
对照班（三、2班）	87.80	13.01	58.22	26.56	62.21
实验班（四、3班）	86.33	15.07	56.66	14.78	74.67
对照班（四、4班）	84.32	16.12	53.45	19.65	72.98
实验班（五、3班）	84.23	12.33	66.09	36.67	53.89
对照班（五、4班）	81.88	14.66	64.99	39.88	51.76

通过对比我们发现，实验班的成绩明显优于对照班的成绩。

1. 通过本课题的研究，教师教学行为发生了根本变化

（1）教学观念方面。

过去：注重解决问题的模式教学，重训练，重结果。

现在：注重学生思维品质的培养，策略上重教材重组、方法的探究、活动的体验、思想方法的逐步渗透。

（2）教学策略方面。

过去：铺垫—导课—探究—练习—总结。

现在：依托材料（进行观察、猜测）—引领验证（在验证中初步感悟数学思想方法）—感悟认知方法（体验数学思想方法作用）、交流思考过程、方法应用分享（体验方法）—拓展、解决问题（方法内化推广）。

（3）反思能力方面。

本课题组以反思我校小学数学广角教学现象，探究数学广角教学多种策略为主，课前，翻阅相关资料提升自己理论水平；课中，以学生发展为主设计教材，渗透数学思想；课后，写反思、修正教学方案，再实验，形成典型案例；课题研讨时，课题组成员把自己的实施过程，反思总结，写成论文的形式和大家交流。同时，在课题实施过程中，在兰州教科所、榆中县教研室专家的引领与指导下，课题组成员的教学水平发展很快，教学反思力得到提升，更促进了我校教科研的发展。

2. 研究中取得的成绩

两年来，我们的实验已取得了可喜的成绩，课题的研究促进了教师自身理论水平和教学水平的提高，实验老师已成为我校教研、教改工作中的骨干力量，所做的教学工作得到了师生家长的一致好评，产生了良好的社会效益。自开展本课题研究以来，课题组老师所取得的主要成绩如下。

负责人岳小芳老师取得的成绩：

2013年7月论文《数学广角教学要深刻把握教材》发表于内蒙古《课程教育研究》第16期。

2012年爱生论文《让数学课堂充满爱的声音》获市级一等奖。

2013年爱生论文《让学生感受幸福快乐成长》获校级一等奖、市级二等奖。

2013论文《感悟研读教材》发表于《中国校外教育》中旬刊2013年第十期。

2012年7月对全县初中、高中、小学的班主任进行了培训。

2012年10月国家级课题《人教版小学数学广角教学策略的研究》立项。（课题编号：23010511B）

2012年12月由岳小芳老师主持的省级课题《小学数学教学中的问题情境设计的有效性研究》结题，并荣获兰州市第九届基础教育科研优秀成果一等奖，获县级科技进步二等奖。

2013年元月，岳小芳老师在甘肃农村中小学骨干教师远程培训中被评为优秀学员。

2013年9月，岳小芳老师被兰州市政府评为兰州市优秀教育工作者。

2013年11，岳小芳老师被兰州市教育局授予市级骨干教师称号，并被评为优秀学员；参评的公开课被评为"兰州市优秀公开课"。

2014年元月，岳小芳老师被甘肃省教育厅拟评为省级骨干教师。

2012年11月18日—2012年12月25日，岳小芳老师赴南京秦淮区考棚小学挂职学习。

2013年11月23日—12月1日，岳小芳老师赴北大实验小学学习。

课题组崔建民老师在课题研究中取得的成绩：

撰写了论文《例谈数学广角教学》。

课题组金明俊老师在课题研究中取得的成绩：

论文《浅谈数学教学中问题设计》发表于2013年6月《甘肃教育》12期。（期刊lssn1004046312）

论文《创设生活情境激发学习兴趣》发表于2013年12月《甘肃教育》23期。（期刊lssn1004046323）

课题组张继水老师在课题研究中取得的成绩：

论文《关于数学广角的教学与思考》发表于2014年《中国校外教育》上旬刊1期。

2013年9月—2014年7月，在高崖下乡支教中，积极开展《数学广角》研究活动，推动了榆中县文成小学的教科研活动，并获得一致好评。

课题组施立强老师在课题研究中取得的成绩：

论文《小学"数学广角"的教学感悟》2015年发表于《读写算（教育教学研究）》第40期。

在课题研究中，课题组成员根据课题实验情况，分别完成了典型课例、教学反思、教学札记、教研报告等。

六、讨论和建议

课题负责人和课题组成员均为一线教师，还缺乏理论指导，教学实践中的一些成功经验得不到及时地提炼和总结，不能很快上升为理论，从而更好地指导实践。我们的实验研究仅仅是两年时间，取得的成果也是初步的，实验中存在的问题还有待深入探讨和完善。

例如：

（1）如何利用思维导图促进学生掌握建构数学模型的方法（以四年级上册四节为例）。

（2）如何培养我校数学教师的专业素养。

（3）小学数学思想方法的系统研究及应用。

这些都将是我们下一步研究的问题，也是我们努力的方向！

"数学广角"虽然在整个小学数学教学中所占的比例不是很大，但它对学生数学能力的提高与后续发展中的作用不容忽视。我们只有通过不断研读新教材、实践新理念，才能把握住课程改革的脉搏，才能有效地实现教学相长，真正让课堂焕发出生命的光彩。

参考文献

［1］中华人民共和国教育部.义务教育数学新课程标准（2011年版）［M］.北京：北京师范大学出版社，2012.

［2］顾志能.细析"数学广角"中数学思想方法及教学策略（五）［J］.小学教学，2010（10）：44–45.

［3］张勇.对小学数学中"数学广角"教学的初步认识［J］.云南教育：小学教师，2011（5）：18.

《小学数学教学中问题情境设计有效性研究》
课题研究报告

榆中县文成小学　岳小芳

课题《小学数学教学中问题情境设计有效性研究》经过我们课题组历时两年的研究与实践，已经达成共识，形成了比较完备的教学研讨策略，效果良好，现将《小学数学教学中问题情境设计有效性研究》情况汇报如下，用以申请结题。

一、问题情境的提出

情境学习理论在西方出现于20世纪80年代以后。这种理论认为：知识是具有情境性的，知识是活动背景和文化产品的一部分，并在活动中，在其丰富的情境中，不断被运用发展。

国内也有许多名师在论文、案例、教学随感中都涉及了问题情境的研究，在具体教学时应如何创设数学教学情境也作了一些研究。他们把重点放在问题情境的创设原则和方法上，提出了创设问题情境的基本原则和多种策略。综观近几年新课程实施过程中对情境教学的研究，大多从理论层面切入的多，而从实践的层面，如何引导一线教师通过实践教学，将情境教学真正落实到课堂中，使之常态化，成为提高课堂教学效率，促进学生情感体验和能力提高的一种常用教学模式，研究得还比较少，特别是在有效性评价方面的研究更少。

《数学课程标准》指出："数学教学要紧密联系学生的生活环境，从学生的经验和已有知识出发，创设有助于学生自主学习、合作交流的情境。"一个好的问题情境，可以引发他们积极思考，锻炼独立解决问题的思维能力和创造能力。

（一）问题情境的提出是新课程改革的需要

"让同学在生动具体的情境中学习数学"是小学数学新课程教学的重要理念。"创设情境"是数学教学中常用的一种战略，它有利于解决数学内容的高度笼统性和小学生思维的具体形象性之间的矛盾。

（二）问题情境的提出是学生自身学习与发展的需要

创设教学情境，不仅可以使学生容易掌握数学知识和技能，而且可以更好地体验教学内容中的情感，使原来枯燥的、笼统的数学知识变得生动形象。因此，创设生动有趣的情境，是数学教学活动发生和维持的基本依托，是学生自主探究数学知识的起点和原动力，是提高学生学习数学能力的一种有效手段。

（三）问题情境的提出是改变当前数学教学现状与教师专业生长的需要

在当前小学数学教学中，情境教学已引起普遍重视。一个好的教学情境可以沟通教师与学生的心灵，充沛调动学生的既有经验，使之在兴趣的驱动下，主动参与到学习活动中去。但遗憾的是，当前数学课堂情境创设的"行为现状"与"理念境界"的差异颇大。例如，教师教学情境的设置过于华丽，"情境"成了扮美课堂的亮点，课堂缺少数学思维含量；情境的设置过于牵强，有的数学教师为寻找数学知识的生活原型而绞尽脑汁，从而出现了一些情境设计牵强的情况，甚至影响了学生对数学知识的学习；对情境图的运用缺少方法，新教材中出现了大量的情境图，图中所出示的数学信息往往是比较零乱的，缺少连贯性，怎样让学生组织这些较为零乱的数学信息，如何有效地使用这些情境图，对此教师手足无措。可见，如何创设有效的问题情境，促进学生主动学习，是一个亟须探究的课题。故提出此课题。

二、课题的界定

（一）"数学教学问题情境"

"数学教学问题情境"是一种以激发学生问题意识为价值取向的刺激性数据材料和背景信息，是从事数学活动的环境，产生数学行为的条件，生成数学知识的载体。简言之，数学教学问题情境是指教师有目的、有意识地创设一种具有一定困难，需要学生努力克服（寻找达到目标的途径），而又是力所能及的学习任务，以促使学生去质疑问难、探索求解。因此，数学教学要以问题为载体，这样才能抓住课堂教学中思维这个的"魂"，也就抓住了课堂教学的根本。

（二）"有效性"

有质量，即"有质有量"；有效率，即减少"投入"，增大"产出"。教学有效性是指在教学活动中，教师采用各种方式、手段，用较少的时间和较小的精力，取得尽可能多的教学效果，实现特定的教学目标。我想：在教学活动中，教师采用创设数学教学问题情境的各种方式、手段，用较短的时间，取得尽可能好的教学效果，实现特定的教学目标，这样创设的数学教学问题情境才算得上有效。

三、研究的目的和意义

（1）通过研究形成小学数学问题情境创设的多种策略和具体操作方式，为今后情境教学提供一种有效的教学方式和成功经验。

（2）通过问题情境的创设，使不同层次的学生在知识、技能、学习态度方面得到同步发展。特别是在数学创新意识和运用知识解决问题能力方面有明显的成效。

（3）通过研究提高教师问题情境的创设和实施能力，更新教师的教育观念，学会在实践中进行研究反思。

四、研究的内容、对象和方法

（一）研究内容

1. 采取多种形式学习相关理论知识，改变教师的教育教学理念

课题组通过挖掘教材中的"问题情境"资源、观摩课堂实录、对数学教学片段中数学问题的"提出方式"是否有效进行分析、对同一教学内容的不同"问题情境"进行搜集分析、整理以前的课例并对问题的提出方式进行修改、课题组成员进入课堂互相听评课、撰写典型案例，提升教育理论水平，改变教学观念。

2. 开展课堂教学研究

研究以"数与代数"领域为主的问题情境创设的教学实验，首先从创设数学情境的背景、时机、呈现方式三方面研究，构建小学数学教学中创设有效问题情境提高课堂效率应遵循的要求，形成典型案例。

3. 开展教学策略研究

研究以"空间与图形"领域为主的问题情境创设的教学实验，针对研究中出现的各种情况，分析教学内容与教学情境的关系，设计出有效教学情境的活动方案，进行实践操作，再通过调查学生学习状况、教师课后反思等形式进行衡量创设的教学情境是否有效。

重点：结合课堂教学对问题情境模式、策略的探讨、整合、研究。

难点：将问题情境模式、策略在课堂教学中有效落实、反思、总结。

（二）研究对象

一至六年级部分数学教师。

（三）研究方法

1. 个案研究法

从本学科出发，针对某一课例、某一教学片段或者学生某一发展时期等进行个案研究，采用典型引路、专家诊断、逐步推广的方法，先由课题组教师提供典型的课例，然后集中讨论该课例体现了怎样的教学策略，与以往的课例相比作了哪些改进。同时，对教学活动的全过程进行考察，通过撰写教学反思、教学随笔及论文等方式，对方法的使用进行反思，找到成功和不足之处，并提出新的改进方法，不断总结出有效地解决实际问题的策略，并逐步推广到全校数学教学中去。

2. 行动研究法

在教学过程中，边实践，边探索，边检验，边完善，把研究与实践紧密地结合起来；边归纳，边总结，最终探索出提高教学情境设置的有效策略和方法，积累丰富的情境设置的实践经验。

3. 调查研究法

调查和分析学生学习数学广角的学习状况及我校数学教师课堂教学行为，

为构建数学问题情境活动模式提供基础。

4. 实践研究法

随机选择我校各年级的一个教学班，对数学广角的教学模式进行实践并总结经验。

5. 对比研究法

为每个实验班各选定一个平行班，由实验教师对相应的平行班进行常规教学，并进行比较及有效评价。

五、研究的基本过程

本课题的研究，主要经历了以下几个阶段。

第一阶段：课题申报（2009年4月—5月）

本阶段主要完成了以下几项工作。

1. 成立课题组

根据课题研究的需要，选定学校教学骨干，由省级教学能手岳小芳老师任课题组组长，成员为学校数学组青年教师。同时由县教研室主任马良彪、学校特级教师高志文担任第一推荐人，引领我们课题的顺利开展。

2. 进行研究课题的选择与论证，并进行了可行性及重要性的分析

课题组根据需要，邀请了市级、县级小学数学教研专家，对课题进行了讨论与论证。各位专家从实施素质教育和国家课程改革的角度出发，对课题的选题、研究目标和内容、研究的理论及方法提出了建设性的意见和建议，使课题研究更加符合当前基础教育改革的需要，更加具体和具有可操作性。（表1-14）

表1-14

小学生的心理特点 思维特点	问题情境教学的作用	分析比较两者的共性	得出的结论
1.心理特点：对新奇的具体的事物感兴趣，感知事物时，目的性不够明确，无意性和情绪性比较明显，对事物的主要与次要特点分辨不清；爱动、好问，注意力不够稳定，很难长时间把注意力	1.创设好的问题情境有助于学生对新知的理解。 2.创设好的问题情境能充分调动学生学习的积极性，激发学生求知的欲望。 3.创造好的问题情境能够培	小学生的思维特点以形象思维为主，创设问题情境能够提供丰富感	问题情境的创设易于化静为动，易于形象模拟，从而帮助学生发展思维，启发学生

续 表

小学生的心理特点 思维特点	问题情境教学的作用	分析比较两者的共性	得出的结论
集中到同一学习活动上；善于记忆具体事实，而不善于记忆抽象的内容；等等。 2.思维发展的基本特点：从具体形象思维逐步向抽象思维过渡，但这种抽象逻辑思维在很大程度上仍然靠感性经验的支持	养学生的创新精神和实践能力。 4.创设好的问题情境能使学生感受到生活中处处有数学，使课堂教学更接近现实生活，拉近了师生间的距离，有助于师生互动	知的形象思维材料	思维，激发学生潜能，培养学生解决问题的能力

3. 完成课题申报与立项工作

本课题于2009年6月被确立为甘肃省教育科研"十一五"规划课题和兰州市教育科研"十一五"重点课题。

第二阶段：制订实施方案（2009年7月—2011年3月）

2009年6月课题立项以后，召开了由课题组管理人员、研究人员参加的开题会议，明确了分工和任务。课题组从实验的效果和延续性出发，按照小学教育的规律和特点，结合实验对比研究的需要，从低年段开始进行实验，每个年级分别确定了一个实验班和一个实验对比班，进行实验教学和常规教学的对比研究，课题工作有序开展。

课题组分别对学校全体数学老师、部分学生进行了问卷调查。调查表明，实验班和对比班的学生基础都比较好。约80%的学生觉得学数学枯燥。约70%的教师在课堂上很少进行情境创设，认为情境创设浪费时间，导致新课上不完。了解了师生在课堂教学中存在的问题以后，课题组召开会议，确定先以改变教师观念为起点进行研究。2009年9月份，课题负责人岳小芳引导教师挖掘教材中的"问题情境"资源，通过对新旧教材的对比研究，体验新教材中教学情境的设计，对教材中"问题情境"进行整理，并搜集相关的资源，写出了学习心得。2009年11月召开阶段性研讨会，对数学教学片段中问题情境产生的"背景、时机、方式"，以及在解决数学问题的过程中对学生的学习状态是否有效进行分析，发现教师们对问题情境的原则有了深刻地理解，认为问题情境创设一定要结合教学内容和学生已有的知识经验，创设有思考性、有目的性，能激发学生兴趣和思维的情境才是有效的。

结合以上学习成果，课题组成员开始整理自己以前上过的课例并对问题的提出方式进行修改。2009年12月，课题组成员研究分析同一教学内容中不同"问题情境"的创设方法并写出心得，还对同一教学内容的不同"问题情境"进行分析、交流，引导教师对现有"问题情境"的教学效果进行思考，多角度地进行比较，从"问题情境"对学生的学习态度、学习过程的改变，对达成学习目标的促进，对学生思维的启迪等方面，感悟问题情境对数学课堂教学效果的促进作用。2010年3月，课题组成员相互进入课堂听课，在常态课中，发现已经能较好地进行问题情境创设。

经过六个月的理论学习、研讨、课堂实践，教师们对如何创设有效问题情境已经有了一定的感悟，并结合自己的积累经验撰写典型案例，就课题的实施情况进行分析，对课题方案提出修改建议，由原来确定的整个小学数学领域研究缩小到"数与代数""空间与图形"两个领域来研究，并对本阶段成果进行总结。

第三阶段：研究实施（2010年4月—2011年8月）

2010年5月，课题组总结了前一阶段工作进展情况，布置下一阶段任务。本阶段主要进行典型课堂研讨活动，课题组将《课程标准》中"数与代数"的内容按第一、第二学段同时展开课堂实验，实验在课题组范围内进行，并请县教研室专家听课指导。课题组成员在课前采用"个人构思—交流讨论—达成共识—形成教案"的备课方式进行备课，教学设计要体现新课程理念，做到："一个突出"，突出学生是学习的主人，教师是数学学习的组织者、引导者与合作者。"两个关注"，关注问题的渗透，关注实践创新能力的培养。"三个必须"，必须是和谐融洽的课堂，唤醒学生的情商和学习欲望；必须是能动的课堂，学生主动参与，自主提问，师生互动，共同探讨；必须是开放的课堂，课外收集信息，课内人人都说、人人都做，从而确保数学课题研究的有效开展。

1. 开展了在小学数学课堂教学中如何创设问题情境，激发学生兴趣为主的教学研究

兴趣是学生产生学习动机的主要原因，因此，激发兴趣是问题情境创设的前提。因此，我们课题组成员在实验课的教学中，根据学生的年龄心理特点，根据教材中解决问题背景材料，从研究创设问题情境的背景、时机、呈现方式来激发学生学习数学的兴趣，激发学生的探究欲望，达到化难为易、化抽象为形象，进而使他们感觉到生活中处处有数学，数学就在自己的身边，使他们对数学萌发积极的情感，自觉地用数学的眼睛去观察周围事物，用数学的思维方式去研究生活中的数学现象，并通过对问题的个性化思考与解决，提高学生的学习效率，发展学生的个性。实验的方法和具体做法如下：

（1）开展了以"数与代数"领域为主的问题情境创设的教学实验。

"数与代数"的重要概念是从人们生活和生产的需要中产生和发展起来的。数与代数本身具有抽象性，但所反映的内容又是非常现实的，与人们的生活、生产有着十分密切的联系。因此，数与代数的学习内容应当是现实的、有趣的、富有挑战性的，教师应该通过实际情境使学生了解数与代数的意义，让学生经历探索和发现的过程，在现实背景下感受和体验有关的知识。因此，在小学数学"数与代数"教学中创设问题情境，能激发学生的创新思维，取得事半功倍的教学效果。我们课题组将《数学课程标准》中"数与代数"的内容按第一、第二学段同时展开进行实验，实验的典型课例见表1–15、表1–16：

表1–15

学段	课题	授课人	问题情境创设的背景	问题情境创设的时机	问题情境呈现方式	问题情境创设效果分析
第一学段	《认识钟表》	王艳	联系生活，以学生已有的知识经验为背景创设问题情境	新课导入、练习反馈时创设问题情境	以故事情境呈现问题	学生兴趣浓厚，在课件的辅助教学中，学生能很快地捕捉到数学问题，学生的观察能力得到发展
	《分数的初步认识》	王娟	联系生活，以学生已有的知识经验为背景创设问题情境	新课导入时创设问题情境	以故事、游戏情境呈现问题	利用课件展示问题情境，分解了难点，调动了学生参与的积极性
	《平均分》	徐慧	联系生活，以辅助材料为背景创设问题情境	新课导入、新课探究时创设问题情境	以故事情境呈现问题	问题情境，有效地建立了"平均分"概念，学生能积极思考，善于解决问题

续 表

学段	课题	授课人	问题情境创设的背景	问题情境创设的时机	问题情境呈现方式	问题情境创设效果分析
第一学段	《二年级找规律》	王娟	联系生活,以学生已有的知识经验为背景创设问题情境	新课导入、新课探究、内化新知时创设问题情境	以比赛情境呈现问题	有效的问题情境创设,吸引了学生注意力,激发了学生探究新知的欲望
	《一年级找规律》	张淑玲	联系生活,以学生身边的图案为背景创设情境	新课导入、新课探究、内化新知时创设问题情境	以语言描述、图片呈现问题情境	简单的问题情境创设,使学生在多种方法中,构建了听、视、触等综合的思维体系
	《百数表》	金海燕	以课本主题图、颜色变化为背景创设情境	新课导入时创设问题情境	以比赛情境呈现问题	利用颜色变化呈现问题,通过观察比赛帮助学生发现规律,使其观察能力得到提高
	《人民币的认识》	施立强	联系生活,以学生已有的知识经验为背景创设问题情境	新课导入、新课探究时创设问题情境	以故事、游戏情境呈现问题	通过故事、游戏情境创设,学生在拿、数、想、比的过程中,提高了形象思维能力和实践动手能力

表1-16

学段	课题	授课人	问题情境创设的背景	问题情境创设的时机	问题情境呈现方式	问题情境创设效果分析
第二学段	《分数的意义》	岳小芳	以学生已有的知识经验为背景创设问题情境	新课导入、练习反馈时创设问题情境	以实验、语言描述情境呈现问题	情境串的设计,训练了学生语言的表达能力,培养了学生抽象思维能力,使课堂内容更加丰富
	《年月日》	罗银萍	联系生活,以学生已有的知识经验为背景创设问题情境	新课导入时创设问题情境	以设置悬念情境呈现问题	通过设置记录有意义的问题情境,让学生体验数学来源于生活,产生探究欲望

续 表

学段	课题	授课人	问题情境创设的背景	问题情境创设的时机	问题情境呈现方式	问题情境创设效果分析
第二学段	《小数的产生和意义》	李梅惠	以课本主题图、辅助材料为背景创设问题情境	新课导入时设问题情境	以设置障碍情境呈现问题	用文字表述设置障碍性问题情境，培养了学生分析问题、解决问题的意识
	《比例的应用》	杨长乐	以学生已有的知识经验为背景创设问题情境	新课导入、新知反馈时创设问题情境	以比赛情境呈现问题	利用对比的形式创设问题情境，节省时间，学生学习兴趣高，效果明显
	《稍复杂的方程》	祁兰兰	联系生活，以学生已有的知识经验为背景创设问题情境	新课导入时创设问题情境	以语言描述情境呈现问题	问题情境的设置，使学生在分析解决问题的过程中，知、行、意、情得以和谐发展
	《中位数》	杨再艳	联系生活，以学生已有的知识经验为背景创设问题情境	新课导入、内化新知时创设问题情境	以设置悬念情境呈现问题	问题情境，点燃了学生的学习热情，培养了学生的问题意识
	《简便计算》	张继水	以学生已有的知识经验为背景创设问题情境	新课导入时创设问题情境	以比赛情境呈现问题	比赛情境激发了学生探究新知的欲望

（2）构建了小学数学教学中创设有效问题情境提高课堂效率应遵循的要求。

通过平常的实验课和对上面14节各年级的典型课例进行分析对比，可以看出教师们在数学广角的教学中注重渗透数学思想，能结合不同教学内容、学生年龄特点和心理特点以及知识经验创设有效的问题情境，能有效地结合课题研究切实提高学生的思维能力。从以上14节典型课例中不难发现，老师们在问题情境创设时更注重情境创设的方式、形式组成和出现时机，从而引起学生思维的共鸣，激发其内驱力，使学生进入问题情境中的"角色"，真正"融入"学习活动中，达到掌握知识，训练创新思维的目的。整个课堂，教师无论是在教学的整个过程，还是在教学过程中的某些微观环节，都应该十分重视问题情境的构建，为学生创造一个适合他们寻找知识的意境，使学生经常处于"愤"和"徘"的状态。同时，从上课、观摩、交流和仔细的研讨过程中，我们发现只要很好地创设问题情境，就能改变老师的教学方式和学生的学习方式，在问题情境的氛围中，学生的学习兴趣浓厚，在知识的探索中能主动地发现情境中隐含的数学问题，并能主动地思考解决，达到了发展学生思维能力的目的，这样的情境创设是有效的。综合平时的实验课和14节各年级段的典型课例，我们初步整理出创设一个有效的数学问题情境，除了依据教育教学目的、数学学科特点，具有数学的必要因素与形式外，还必须满足以下几个要求。

① 合理性，即情境创设中的背景信息应符合现实生活场景和事物运动的客观规律，其数学信息应符合学生的认知发展规律。在"圆的认识"教学中，许多教师都爱以多媒体展示这样一个问题情境：三只小动物骑着三辆车。三辆车的车轮分别是圆的、三角形的和正方形的。要求学生回答问题："哪一辆车行驶得最快？"以此引导学生提出问题，特别是与圆的基本特征有关的数学问题。无疑，该情境以车轮形状给人的视觉反差，加深了学生对"圆"的感性认识。但是教师刻意将"车轮"设计成三角形的和正方形的，这既有悖于生活常识，也不能给学生提供一个可以进一步观察和认识"圆心""半径"等特征的问题探究点，至多说明圆形车轮的车能较快行驶的原因在于其他车根本不能行驶。所以问题情境的创设一定要符合现实生活场景和事物运动的客观规律，这样才能真正体现数学的本质属性。

② 问题导向性，即数学情境的创设应以激发学生问题意识为价值取向。例如：在教学"数据的收集和整理"时，教师可以创设统计路过汽车数量的问题情境，这样，学生在统计、整理相关数据时，就会发现自己的"记录速度跟不上"，甚至不知道"用什么方法记录"。这种强烈的认知冲突触发了学生对统计方法以及不同方法进行比较的求知欲。因此，在课堂上当老师提出"为什么画'正'字"以及"画'大''工''十'字不好吗"等问题时，学生的问题意识也就显得自然而不矫饰。

③ 障碍性，也就是说问题情境要具备一定的思考价值，使学生从中能有所思、有所悟、有所得。问题情境不宜过于宽泛，使学生无所适从，不知从何考虑；也不可过于简单，失去思考价值。问题情境要临界于学生的最近发展区，

使学生进入"心求通而未得，口欲言而未能"的情境状态，以通过自身努力与小组合作可以完成为佳。例如学习"三角形的面积"时，教师可以让学生根据推导平行四边形面积的公式得到的启示尝试推导三角形面积的计算公式。但受平行四边形先剪后移再拼的影响，学生用这种方法发现很难将之转化为已学图形。这时，学生的思维出现障碍，如何将之转化为已学图形成了他们迫切需要解决的问题。通过观察、小组合作讨论，学生不难发现：用两个完全一样的三角形可拼成平行四边形。这一发现解决了三角形面积计算的问题。因此，问题情境的创设不应是伸手就能摘到桃子，也不宜是再跳也摘不到桃上，而是要跳一跳能摘到桃子。

④ 直观性。问题情境的创设并不是必须联系生活，只要能与学生原有知识背景相联系，同时会产生新的认知冲突，同样是好的情境。比如，从$2-1=1$，思考$1-2=?$，不够减，引入负数，比较直观，也符合数学学科特点，以学生比较熟悉的知识为背景，使学生借助于这种直观，能够自己去发现问题和提出问题，领悟数学本质，提炼数学思想方法，灵活运用数学。

⑤ 开放性。教师在创设问题情境时，要以学生已有的知识经验为基础，应尽可能设计一题多解、一解多题、结论多元化的开放性问题，将学生置于猜想、探索、发现的情境中，激发学生的发散性思维，提高学生的创造性，培养其勇于探索、敢于挑战的精神。例如，教师在一年级数学教学中可以安排这样的开放题：（ ）-（ ）=1，引导学生想：括号里可以填几？为学生思维的发散性和有序性提供了良好的氛围。教师将学生的答案有序排列，并让学生说一说排列的道理，再组织学生进一步讨论按这样排下去能不能把答案全写出来，从而让学生体会自然数是无限的。这一过程有效培养了学生思维的开放性。

从以上14位老师的实验课例中发现，创设恰当的教学情境是教学实践中的一种重要手段，从理论上说，它取决于教师自身素质，尤其是教师自身的教学经验，还取决于师生的个性、师生双边活动状态等诸多因素的合理组合。当然，对情境创设的定性分析也不可忽视，教师只有正确运用情境认知与学习理论，把握情境的特性，才能创设出有质量的情境。走出上述几个案例，我们是否有这样的感觉：要促进学生更乐意、更主动地学习数学，就意味着要让学生在问题情境中被激活。而情境的创设，更需要教师有创意地进行教学，那么怎样的创设才会呈现一个有效的问题情境呢？

2. 开展了在小学数学课堂教学中如何创设问题情境以及问题情境有效性的策略研究

（1）开展了以"空间与图形"领域为主的问题情境创设的教学实验。

受上一阶段研讨活动的积极影响，老师们认为，在空间与图形领域创设问题情境，更能促进学生的问题意识，激活学生的思维，从而服务于课堂教学，提升课堂教学的效益。所以我们按方案计划，2010年11月决定在全校范围内进行"空间与图形"领域问题情境创设课堂研讨活动。本次课堂展示由课题组的岳小芳、王娟、王艳、罗银萍、李梅惠、施立强几位老师按低、中、高三个不同年段进行实验，依据以上创设问题情境应遵循的五点要求，针对上次研究中出现的各种情况，大家分析教学内容与教学情境的关系，设计出有效的教学问题情境活动方案，进行研讨后再上课。课后课题组通过调查学生学习状况、教师课后反思等形式进行衡量创设的教学情境是否有效，并请市教科所专家、县教研室专家听课指导。在课后良好的研讨氛围中，老师们的思想火花得到了碰撞交锋，专家精彩的点评起到了专业引领作用。

由此，达成了问题情境创设有效性研究的具体教学策略。

① 创设问题情境要突出重点，突破难点。

当前，小学数学主题图的使用过程中存在着过分铺展、将数学课上成"说话课"的状况。要从根本上改变这一状况，教师应根据主题图提供的材料，围绕教学目标，突出重点内容，创设问题情境；也只有突出教学重点，才能使学生在解决问题的过程中有效地构建知识体系。这就要求教师在创设问题情境之前深入钻研教材，明确一节课的教学内容有几个知识点，哪些是重点，哪些是难点，以免在教学时抓不住主要的内容，而在与解决问题无关情境内容上多花时间，或者面面俱到平均使用力量，影响重点、难点的理解和掌握，达不到预期的教学效果。

王娟老师在"图形的周长"一课中，利用问题情境的创设，很好地突破了教学的重难点：

情境一：课件演示小蚂蚁沿着树叶爬了一圈。

问题1：谁来说说你看到了什么？

情境二：出示绘画作品，想把这些优秀的作品镶上边框。

问题2：镶什么形状的边框呢？你能帮忙设计设计吗？

问题3：请同学们用手指把你设计的图形比画给老师看，好吗？

设计意图：问题情境一的创设，形象直观，不仅突出了本节课所研究的内容，还隐含了图形是封闭的这个重点概念，让学生感知到周长就是封闭的，而且极大地激发学生的兴趣和积极探究新知识的心理，从而提高教学效率。问题情境二通过创设体验式教学情境，激发了学生探究欲望，构建了周长概念，突破了难点，突出"封闭"即"围"，进一步理解周长的含义，这样的问题情境设计是有效的。课堂上学生们思维活跃，小组合作积极愉快。

② 创设问题情境要满足不同层次学生探索的需求。

在实验教学中，课题组老师反映说，突然发现，通过课题研究后，课堂是活跃了，学生能力是发展了，可两极分化现象严重了。为了解决这个问题，课题组经过研讨达成共识：在数学课堂上，要注意因材施教，创设问题情境不能面向小部分学生，而要尽量满足不同层次学生的学习需要；也就是说，教学目标既要让全体学生都能达到，也要有层次、有坡度的分类要求，让每一名学生都在自己的努力范围内深入钻研、思考，使他们经过努力都能够获得成功，体现"使不同的人在数学上得到不同的发展"的理念。

王艳老师在"认识图形"教学中，挖掘教材的潜在因素，灵活、创造性地使用教材，让不同的学生在数学上得到不同的发展。

情境：请同学们赶紧从宝盒中取出图形，将相同的图形放在一起，然后分别摸一摸、折一折、量一量、比一比这些图形，把你的感觉和发现说给你身边的同学听。

问题：谁想说说你都有什么发现，最深的感受是什么？

设计意图：王艳老师在教学时，打破了教材对学生能辨认图形的唯一要求，而是让学生在摸、折、量、比、议的过程中，感悟、体验每种图形的特点。由于学生所处的文化环境、家庭背景和自身思维方式不同，每个学生的感受和发现不同，但在讨论中可以达到集思广益，如：本节课中有的学生发现长方形、平行四边形易变形的特性；有的学生发现正方形4条边都相等；有的学生还发现圆与其他图形不同，扶着它可以滚动；等等。本节课真正使所有的学生在数学上都得到不同程度的发展。

③创设问题情境要让学生得到有效的思维训练。

《数学课程标准》指出：数学教学是数学活动的教学，是师生交往、互动与共同发展的过程，学生是数学学习的主人，教师是学生数学学习的组织者、引导者和合作者。因此，教师在教学中应加强活动的思考性，以发展学生的思维能力，诱发创新灵感，培养创新意识。在教学中，教师应创设情境，让学生通过观察、操作等活动进行数学思考，解决简单的问题，在获取知识的同时激发创新的火花。

例如，岳小芳老师在教学"平行四边形的面积"时，根据五年级学生的心智水平和认知规律，结合学生的实际，以"问题""实践""验证"贯穿全课，为学生提供自主探索空间，激活了学生思维。

情境一：曹冲称象图片。

问题：曹冲用什么办法得到了大象的重量？（感悟生活中存在转化思想）

情境二：出示不规则图形。

问题：有办法计算出这个不规则图形的面积吗？（明确利用转化的思想可以使图形面积计算简便）

情境三：出示平行四边形草坪。（主题图）

问题1：有什么办法计算这个平行四边形的面积？（渗透转化思想）

生：可以用数方格的办法，用转化成学过的图形来计算。

问题2：如何转化？

生：剪拼成长方形，算出这个长方形的面积，就知道这个平行四边形的面积了。（隐含等积变形概念）

问题3：但这个图形是草坪，没办法拿剪刀剪啊？怎么办？

生：先拿出一个平行四边形图形，推导出公式，就可以算草坪的面积了。（得到了同学们的赞同）

小组合作，探究解决办法。

教学反思：本节课，看似简单的底×高=平行四边形的面积，学生一看就会计算，那如何让学生真正体验推导公式的过程呢？我陷入了深深的思考中。在认真阅读了教材后，突然眼前一亮，这个单元是"空间与图形"领域，三角形的面积是由平行四边形转化得到的，梯形的面积是由三角形的面积转化得到的，由此得出，转化思想是本单元的重点，也是本节课的重点。所以我根据高年级学生的心理需求、教材的编写意图和课标要求，在学生熟悉教材的基础上，首先明确本节课知识的基本点、技能的转化点、思维的训练点，着眼学生素质发展，对教学活动的内容、方式以及学生将掌握什么，达到什么层次，培养什么能力做出明确而具体的要求。整节课以"等积变形"的转化方法为核心来创设问题情境，以培养激活学生的思维为突破点来设计。在整个教学活动中，我以问题情境为主线，以如何解决问题为重点进行教学，在探究过程中，学生的学习积极性非常高，每一个学生都能积极参与其中进行探究图形转化，进而体会到转化的数学思想在生活中的应用。学生在观察、猜想、验证的过程中真正理解了数学的转化思想。这样层层递进的问题情境设计，真正发展了学生思维的能力，使学生学有所获。

④ 创设问题情境要有利于学生学习的动态生成过程。

数学教学过程是教师引导学生进行数学活动的过程，是教师和学生之间的互动过程，是师生共同发展的过程，是一个不断生成问题、解决问题的过程。因此，这个过程也是学习材料不断生成的过程。

罗银萍老师在进行面积教学时，首先创设情境，提出问题：当我们看见面积两个字时，会想到面积与谁有关？看看你周围哪儿有面？摸一摸，并在小组内交流。学生积极参与到找物体面的活动中。学生在探究面的过程中，发现长方体、圆柱体、球体的面不一样。这样学生由摸实物的表面抽象到平面图形的表面，有这个过程学生就不难理解平面图形的面积了。本节课，学生学习的材料全部来自师生互动生成的内容，效果很好。

⑤ 创设问题情境要有利于培养学生的应用意识和综合实践能力。

"解决问题"是数学课程改革中变化较大的内容之一，给教师的教学理念和实践带来挑战。新理念下的"解决问题"教学的本质是让学生在问题情境中寻找信息、发现问题、提出问题、解决问题。"解决问题"的教学对培养与发展学生的应用意识和综合实践能力具有不可替代的作用。因此，教学中教师需要适时、适度为学生提供"生活味"与"数学味"都很浓的有效的问题情境，引领学生从情境中收集、筛选信息→提出数学问题→分析数量关系→形成解题策略（建模）并解释应用，拓展思路，从而培养学生的应用意识和综合实践能力。

施立强老师在教学"长方体的表面积时"，设计了这样几个问题情境：如果要粉刷我们的教室，要粉刷的面积是多少，如何用我们所学的知识解决？如果要制作一个长方体鱼缸，至少需要多大面积的玻璃？等等。施老师让学生畅所欲言，利用已学知识提出解决办法。从情境的创设、大胆地说思路、提出可行办法、给出数据解决问题几个环节来教学。学生观察交流，意见达成共识，还形成了解决求长方体五个面的代数表达。在这个过程中，老师都是让学生结合生活实际来理解究竟要算哪几个面的面积，需要根据具体情况而定，使学生体会到了各方面知识的联系与综合应用，培养了学生的应用意识和综合实践能力。

⑥ 情境创设能有效、适度地张扬学生的个性。

《数学课程标准》明确指出："学生的数学学习活动应当是一个生动活泼、积极主动的和富有个性的过程。"学生在问题情境中解决问题、掌握知识、发展能力，并在这一学习过程中张扬个性，进而激发了学习数学的兴趣，提高了学习数学新知识的效率。

王艳老师在"三角形面积计算"的练习中，设计了这样的问题情境：一个三角形的面积为12平方厘米，已知底和高都为整数，这个三角形的底和高分别是多少厘米？在平时，学生已经习惯了根据三角形底和高求面积，然而这一题是已知三角形的面积求底和高，其意是让学生在反向中加深对三角形面积知识的理解。每个学生根据自己的认知水平，提出了不同的想法，在集体交流时，有的同学还发现了有序排列，充分展示了自己的个性。

（2）小结。

以上几位老师在教学片段里创设的问题情境，目标明确，简洁，没有华丽的语言和精心雕琢的活动，充分考虑到了学生的学习心理，适时提出问题。有了问题，学生就有解决问题的愿望，然后利用已有的知识经验，互动交流各自的策略、方法，通过自己的思考获取数学知识，体验了成功的喜悦。诚然，并不是每一个情境创设都必须具备以上条件，它可能只具备其中的一方面或几方面，只要有利于数学的高效学习，都视作有效的学习情境。

第四阶段：总结（2011年8月—9月）

1. 全面总结实验

课题组根据实验研究方案，对课题进行了全面地总结，完成了《小学数学问题情境创设有效性研究》课题研究报告，同时撰写了多篇论文、案例分析、教学设计、教学反思等。

3. 预定下阶段工作和实验思路

课题结束后，课题组继续对实验班和对比班进行实验研究，进一步充实和完善研究实验的课堂教学准备，设计更多的适合学生思维发展的教学策略，使研究实验工作向更深的层次和领域发展。

六、研究的成果及结论

（一）课堂教学模式发生了变化

由于课堂中实验教师注意创设有效的问题情境，实验班的课堂教学模式发生了变化，使课堂真正变为"以教师为主导、学生为主体"的新的课堂教学模式，凸显教师教学策略及学生学习方式的转变。通过创设问题情境，教师能灵活地使用教材，注重学生深层次的参与和思维参与，能关注学生的思维发展，保证每节课都能收到积极的效果，使学生在愉悦的心境中理解和掌握学习内容，从而增强了教学的凝聚力和吸引力。问题情境的创设使课堂教学模式发生了变化（表1–17）。

表1–17

我校过去的数学课堂模式			我校现在的数学课堂模式		
教学过程阶段描述	问题情境应用	学习方式	教学过程阶段描述	问题情境应用	学习方式的转变
新课引入阶段	复习铺垫，没有情境创设	在老师的引导下学习，主动性不强	新课引入阶段	依据课本主题图（辅助材料）创设问题情境	解读问题情境，自主探究问题
学生提出问题、分析探究问题阶段	教师讲解，学生听算	在教师的主导下，通过逐层提问解决问题，自主解决问题不够	学生提出问题、分析探究问题阶段	激发学生解决问题意识，主动参与其中	积极参与交流，大胆发表意见，解决问题多样化

续 表

我校过去的数学课堂模式			我校现在的数学课堂模式		
教学过程阶段描述	问题情境应用	学习方式	教学过程阶段描述	问题情境应用	学习方式的转变
小组合作学习、交流释疑阶段	小组合作形式存在，解决问题层次浅	小组合作，交流反馈。教师归纳总结方法。被动接受知识	小组合作学习、交流释疑阶段	主动合作交流，寻求解决办法，展示成果	交流时，不会被一种思考方式所限制，小组主动合作，气氛融洽
反馈练习、总结、拓展阶段	练习有梯度，拓展应用少	在教师指导下进行反馈练习	反馈、总结、拓展阶段	提供练习素材，展示作业	自评、互评、师评相结合，彰显各自作业特点

（二）学生的学习成绩普遍提高

榆中县文成小学（2009年—2010年第二学期）实验班、对比班期末考试成绩统计表（表1-18）。

表1-18

班级	平均分	知识技能		综合应用	
		不合格率(%)	优秀率（%）	不合格率（%）	优秀率（%）
实验班（一、1班）	94.85	3.64	73.99	13.93	27.89
对照班（一、2班）	94.57	4.26	56.15	16.11	22.36
实验班（二、3班）	89.23	29.68	15.59	23.16	18.33
对照班（二、4班）	87.65	30.20	14.53	27.85	14.57
实验班（三、1班）	88.23	23.08	20.47	34.83	16.98
对照班（三、2班）	87.80	23.01	19.22	36.56	12.21
实验班（四、3班）	86.33	16.07	36.66	14.78	34.67
对照班（四、4班）	84.32	16.12	32.45	19.65	30.98
实验班（五、3班）	84.23	12.33	86.09	36.67	45.89
对照班（五、4班）	81.88	14.66	84.99	39.88	35.76

通过对比，我们发现实验班的成绩明显优于对照班的成绩，这表明在数学课堂中创设有效的问题情境，有利于提高课堂效率。

（三）在实践探索中总结出适合该课题研究的课堂教学评价标准

《小学数学教学中问题情境设计有效性》课堂评价标准（表1–19）。

表1–19

评价项目		评价要点	权重	得分
问题情境设计内容（20）	现实性	设计的问题情境与学生的生活实际和认知实际紧密相连	5	
	思考性	设计的问题情境对学生具有挑战性，能激发学生的求知欲；具有一定的思考价值，能促进学生创造性思维的发展	5	
	层次性	设计的问题情境层次分明，利于学生有条理地思考，并能满足不同层次学生的学习需求	5	
	科学性	设计的问题情境具有真实性，符合科学性	5	
学习方式（30）	自主	课堂要创设问题情境，让学生有一定的自主学习时间和空间探究问题，能进行自主学习、猜测验证；能自由地表达自己的思想，不被一种思考方式所限制	10	
	合作	学生能在问题的交流、合作和对话中进行有效学习，学会分工合作，协调发展；教师成为学生学习数学活动的组织者、引导者与合作者	10	
	探究	通过对问题的解决，学生能经历数学知识形成的过程，不断地对数学问题进行主动体验和探究；学生探究的兴趣和意识得到有效激发和培养	10	
学习状态与效果（50）	知识技能	教师要深刻理解教材内在联系，发现教材新视角，使学生对知识技能的掌握符合课标的要求	15	
	数学思考	教师课堂数学语言准确、精练、精彩，富有启发性和感染力，现代化教育技术运用恰当、适度；学生经历数学活动，积极思考，勇于探索创新；学生的思维始终处于积极状态，数学素养得到培养	10	
	解决问题	师生在互动中处于平等地位，教师尊重每名学生，课堂民主、合作气氛浓；学生善于发现、理解问题，解决问题策略多样，应用灵活；学生回答问题有新意、有创见，体现一定的思维深度；学生实践和创新能力得到培养	10	
	情感态度	教师善于设置问题情境，激发学生兴趣，课堂氛围和谐，信息交流多边多向；学生对学习有自信心和求知欲，兴趣深厚；全体学生都能积极参与学习活动，做到师生互动、生生互动；学生的学习兴趣、态度、意志、合作、分享等品质得到培养	15	
评语				总得分

（四）通过本课题的研究，教师教学行为发生了变化

1. 教学观念方面

过去：重解决问题的策略教学，重结果。

现在：重教学过程中的"情境设计""活动体验"，重经验的积累。

2. 教学方法方面

过去：复习—导课—授课—练习—小结。

现在：依托材料（主题图）—创设问题情境—活动（体验）、交流—成果展示。

3. 教学方法的最大转变

围绕知识组织教学（学会知识—应用知识—考试）

转变↓

围绕情境组织教学（探索、发现—形成经验、技能—学会学习、发展能力）

4. 反思能力提升

教师的反思能力的提高更需要一个实实在在的反思载体。本课题组教师以反思小学数学教学中情境创设的有效性，探究创设情境的多种策略为主，在课堂中积极创设问题情境，写了自己的案例、教案设计，并参与收集了许多理论，把自己对问题情境的实施过程写成论文和大家交流。同时，兰州教科所、榆中县教研室专家给予了指导，使教师的教学反思力得到提升，促进了教师专业发展。教师在平时的常态课、教学月的赛课时，会有目的地创设问题情境。教师经历了从教学经验的积累，到方法模式的形成，再到教学艺术的升华的过程。"教师的课堂教学风格在变"，"教学的方法、模式在变"，这是在经历了课题实验后，教师们比较一致的感受。

（五）研究中取得的成绩

两年来课题组老师所取得的成绩如下。

岳小芳老师：

2009年论文《听课后的反思》发表于《甘肃教育》。

2010年论文《深入研读教材　全面理解和把握教材——人教版第十册第二单元〈因数和倍数〉文本研读与思考》发表于《兰州教育学院学报》。

2009年论文《在小学数学教学中情境创设的有效性》获市级一等奖。

2009年论文《在小学数学教学中情境创设的"再思考"》获省级一等奖。

2010年课堂教学《参与式教学》模式获县级一等奖。

2010年4月给榆中县小学数学教师作了"小学数学单元教材解读及练习设计"讲座。

2010年8月主持负责的县级小课题《小学数学低段空间与图形问题情境创设有效性策略的研究》结题。

2010年论文《感悟"生本教育"之精粹》在榆中县教育教学论文评选中荣获二等奖。

七、讨论和建议

我们有的教师创设了很好的情境，但并没有好好地利用，没有引导学生去发现、去探究，而是继续以教师讲解为主，即穿新鞋走老路。问题情境的创设可以帮助学生化难为易，在情境中感悟问题、找出问题，但真正解决问题还必须在问题解决过程中提高学生的思维品质和质量。所以一个具体情境怎么个用法、用的合适不合适、用足了没有，如何在问题解决过程中提高学生的思维品质和质量，将是我们下一步研究的问题，也是我们努力的方向。

参考文献

［1］中华人民共和国教育部.义务教育数学新课程标准（2002年版）
　　［M］.北京：北京师范大学出版社，2002.

［2］曹培英.数学教学问题情境的"规定"与"选择"［J］.小学数学教师，2007（1）：20-28.

［3］毛秋籽，姚姚.对当前数学课堂教学中创设情境的几点思考［J］.小学数学教师，2007（4）：14-18.

［4］叶柱."真"情境：从"迷恋浮华"到"追寻实效"［J］.黑龙江教育（小学文选），2007（7）：72-74.

［5］丁国忠.让情境拥有"数学"的脊梁［J］.人民教育，2006（8）：24-26.

《在小学数学教学中构建有数学思想的案例研究》成果报告

　　课题《在小学数学教学中构建有数学思想的案例研究》由兰州市岳小芳青年专家工作室针对小学数学基本思想在小学数学教学中如何渗透而提出的。此课题于2017年列为甘肃省"十三五"教育教学规划课题（课题批准号：GS〔2017〕GHB2477），2019年11月结题。工作室成员结合区域学生实际情况，立足小学数学教材内容和课堂，总结出了适合在小学阶段教学的数学思想方法及数学思想方法渗透的"四动·四能"教学模式、教学原则，引导学生感悟、体会和应用数学思想方法。

一、问题的提出

　　教师有思想，我们的学生才能有思想。思想改变课堂，课堂才能绽放精彩。如何构建有思想的数学课堂，是新时代数学教师需要提升的数学素养。为此，本课题组确立课题《在小学数学教学中构建有数学思想的案例研究》。

（一）核心概念的界定

　　"数学思想"：是人们对数学内容的本质认识，是分析处理和解决数学问题的根本方法，也是对数学规律的理性认识，是实现数学知识向数学能力转化的重要桥梁。

　　"教学模式"：在数学思想方法指导下，构建教学活动框架或是程序，使教学过程保证有序性和可操作性。

　　"案例研究"：是一种实证研究，通过设定的情境，进行操作，收集资料、数据、整理，进行深入研究，形成值得学习的范本。

（二）课题研究的背景

从目前教学现状看，教师只重视知识的传授，忽视知识传播过程中渗透数学思想方法的现象普遍存在。为此，我们以引导学生感受、体会和应用数学思想为共同目标，围绕在小学数学教学中该渗透哪些数学思想方法；这些数学思想隐藏在哪些数学知识的背后；教师如何引导学生去感受、体会和应用数学思想方法；如何让数学思想在课堂中落下来；等等，一线教师关心的问题进行探索研究。

（三）课题研究的意义与价值

本课题立足于以学生获得小学数学基本思想方法为重点，以引导学生感悟、体会和应用数学思想方法为目标，通过"四动·四能"教学模式的实施，让更多的学生在学习数学基本知识过程中获得数学思想，提高学生元认知水平，让老师们在课堂中渗透数学思想方法有根有据，使学生解决问题能触类旁通、举一反三。

本课题通过系统建构数学思想在小学数学不同学段、不同领域的细目表以及行之有效的实践案例，使老师们科学地开展"有数学思想的课堂"，让学生在这样的课堂中学会思考、学会表达、学会评价、学会学习，真正实现减轻负担、高效提质。

（四）课题研究的理论与目标

依据《义务教育数学课程标准（2011版）》提出的基本知识、基本技能、基本数学思想、基本活动经验，引导学生感受、体会和应用数学思想，提升数学素养和创新精神。本课题通过梳理挖掘小学数学人教版教材中所蕴含的数学思想方法，积极探索小学数学教学中有效渗透数学思想方法的策略；立足课堂，积极研究设计、实验、评估、收集整理各个阶段教学实践中渗透数学思想方法的成功案例，构建有效地进行数学思想方法渗透的教学模式；让学生逐步学会用数学的思考方式去发现和提出问题、分析和解决问题，发展学生的实践能力与创新精神，全面提升学生的数学素养。

（五）课题研究的主要内容

《在小学数学教学中构建有数学思想的案例研究》以学生获得小学数学基

本思想方法为重点，以全面提升学生分析问题、发现问题和解决问题的能力为目标，重点探索以下内容：①梳理小学教材中的数学思想方法。②寻找有效渗透数学思想方法的策略。③教学实践中培养学生们应用数学思想的能力。④探索关于数学思想的课堂教学模式。⑤典型数学思想方法案例梳理编写。

二、解决问题的过程和方法

第一阶段：理论学习，感知数学思想之魅力

课题立项后，课题负责人岳小芳开始带领团队对数学思想在课堂中的渗透进行研究。

1. 立足学情，走进学生

我们针对学生学习成绩、能力、状态、个性特点进行调查，做出分析。

2. 找薄弱点，强化学习

课题组成员罗列自己及其他教师普遍存在的问题，进行归纳整理；针对问题，负责人给课题组成员订购关于数学思想方面的书籍；课题组集体备课，以研讨形式相互学习；课题组成员通过网络资源提升自己对数学思想的认识。

3. 立足课堂，研读教材

课题组深入研读本年级数学四个领域渗透的数学思想方法，确定各册教材中适合渗透数学思想方法的内容。

第二阶段：实践反思，践悟数学思想本质

四年多的实践工作，大家在"实践—反思—再实践—再反思"的循环中不断摸索。

1. 梳理适合在人教版小学阶段渗透的数学思想

我们把数学基本思想"抽象思想、推理思想、模型思想"派生的思想进行梳理。比如：抽象思想派生出分类思想、集合思想、数形结合的思想、符号化思想、有限和无限思想等，推理思想派生出归纳思想、转化与化归思想、类比思想等，模型思想派生出函数思想、方程思想、优化思想、随机思想等。这些思想都适合在小学阶段渗透。课题负责人主编的《构建有思想的课堂》一书，详细介绍了适合在小学阶段渗透的数学思想。

例如，分类思想。分类思想是根据数学本质属性的相同点和不同点，将数学研究对象分为不同种类的一种数学思想。分类思想，贯穿于整个小学数学的全部内容中。我们需要运用分类讨论的思想解决数学问题，就其引起分类的原因，可归结为：①涉及的数学概念是分类定义的；②运用的数学定理、公式或运算性质、法则是分类给出的；③求解的数学问题的结论有多种情况或多种可能的；④数学问题中含有参变量，这些参变量的取值会导致不同结果的。分类的过程，可培养学生思考的周密性、条理性；而分类讨论，又促进学生提高研究问题、探索规律的能力。

二年级上册：

第七单元：《认识时间》第90页，让学生正确认识时间单位时、分，知道分针走1小格是一分钟，分针走60小格是一小时，能正确区分时、分；第一单元：《长度单位》，让学生初步认识长度单位厘米，能区分清楚测量较长的物体用米作单位，测量较短的物体用厘米作单位，能分清楚1厘米有多长；第三单元：《角的初步认识》，让学生初步认识直角、锐角、钝角，知道三个角之间的关系，能正确区分三个角。

二年级下册：

第八单元：《克和千克》，让学生初步认识重量单位克和千克，知道1克和1千克有多重，能正确区分1克和1千克；第三单元：《图形的运动（一）》，让学生理解什么是轴对称图形，能正确区分图形的旋转和图形的平移现象。

三年级上册：

第一单元：《时、分、秒》，使学生认识时间单位时、分、秒，知道1时=60分，1分=60秒，初步建立时、分、秒的时间观念，能分清楚时、分、秒；第三单元：《测量》，让学生知道1分米和1毫米的实际长度，发展空间观念和动手操作能力，能区分毫米和分米；第七单元：《长方形和正方形》，让学生知道长方形和正方形的特点，能分清楚长方形和正方形，并会正确地计算他们的周长。

三年级下册：

第七单元：《小数的初步认识》，使学生能正确理解小数的意义，能够把几个数正确地区分为小数和整数；第三单元：《复式统计表》，使学生理解单式统计表和复式统计表的意义，能正确区分单式统计表和复式统计表；第五单元：《面积》，使学生理解面积和面积单位，知道平方厘米、平方分米、平方米的大小，并能正确区分。

四年级上册：

第二单元：《公顷和平方千米》，使学生了解测量土地时常用的面积单位公顷和平方千米，知道并理解公顷、平方千米与平方米之间的进率，会进行简单的计算；第五单元：《平行四边形和梯形》，让学生理解平行与垂直是同一平面内两条直线的两种特殊位置关系，初步认识平行线与垂线，认识平行四边形和梯形的特征，知道它们之间的联系和区别；第三单元：《角的度量》，让学生进一步认识线段，认识射线和直线的特征，知道它们之间的联系和区别。

四年级下册：

第五单元：《三角形》，让学生通过分类认识直角三角形、锐角三角形、钝角三角形、等腰三角形和等边三角形，体会每种三角形的特点；第八单元：《平均数与条形统计图》，让学生知道复式条形统计图的特点，能够正确地区分单式和复式条形统计图，会制作复式条形统计图。

五年级上册：

第七单元：《数学广角》——植树问题，让学生能够理解什么是植树问题，分清楚什么是两端都栽、两端都不栽、一端栽，并能够正确地进行计算；第五单元：《简易方程》能够理解什么是式子、等式、方程，并能正确区分，知道联系和区别。

五年级下册：

第二单元：《因数与倍数》——《1.因数和倍数》，使学生理解因数和倍数、奇数和偶数的意义，能正确区分因数和倍数、奇数和偶数；第四单元：《分数的意义和性质》，让学生能够正确地理解分数的意义，能够正确地区分分数和整数、小数，能够正确地理解真分数和假分数，能够正确地区分真分数和假分数；第二单元：《因数与倍数》——《3.质数和合数》使学生正确理解质数和合数的意义，能正确区分质数和合数；第三单元：《长方体和正方体》，让学生能正确理解长方体和正方体的意义，正确区分长方体和正方体。

六年级上册：

第一单元：《分数乘法》，使学生理解分数乘法的意义和计算法则，分清分数乘整数和分数乘分数的计算方法和意义；第六单元：《百分数（一）》，使学生理解百分数的意义，能够正确区分百分数和分数，知道两者之间的联系和区别；第三单元：《分数除法》，使学生理解分数除法的意义，分清楚分数除以整数和分数除以分数的意义和计算法则；第二单元：《位置与方向（二）》，使学生能够正确地理解八个方位，分清楚每一个方位；第七单元：《统计图》，让学生正确地理解扇形统计图，能够正确区分扇形统计图、条形统计图、折线统计图，知道它们各自的优缺点。

六年级下册：

第一单元：《负数》，使学生正确地理解负数的意义，正确地区分整数和负数，知道两者的区分点。第六单元：《整理和复习》，使学生正确地理解加减乘除的意义和计算法则，知道四者之间的联系和区别；正确地理解整数的意义，知道有理数可以分为整数和分数，整数可以分为正整数、零和负整数。第四单元：《比例》，使学生正确地理解正比例和反比例的意义，能够正确地区分正比例和反比例，会用正反比例解决实际问题。

2. 以融合呈现数学思想的丰富

在专家的指导下，课题组不断实践，以教材内容融合为载体，以自学、互学、集体研讨为学习方式，以单元整合为实践策略，形成典型案例，提炼"四动·四能"教学模式。

课题组将研究内容划分为"数与代数""图形与几何""统计与概率""综合与实践"进行教材融合研究。比如：先梳理出"图形与几何"领域中在新授课、复习课、练习课等课型中渗透的数学思想，再通过集中分享、问题梳理，按照单元主题解读、单元学习目标、单元学习活动、持续性评价进行数学思想渗透研究，并以小学生形象思维为主，通过画图体现数学思想方法。

例如：

张莲执教的三年级上册《分数的初步认识》，在比较分子是1、分母不同的分数大小时，通过画分数线段图就很好地帮助学生理解了难点。从图中学生直观地看出"在总量不变时，平均分的份数越多，每一份就越少"这一很抽象的数学逻辑，加深印象。数形结合不仅解决了一个问题，还使学生理解了分子相同、分母不同的分数大小比较都是同理。

杨学萍执教的三年级上册"重叠问题"，学生对重叠较容易理解，能正确地解题，但方法单一。例如，跳绳的有9人，跳远的有7人，重复的有3人，大多数同学列式为9+7-3=13人。而学习了画几何圈的方法后，学生的方法就多了，有的列式为9+4=13，有的列式为6+7=13，还有的列式为6+4+3=13的，并且大家都能够根据图解释清楚每一个数的意义。方法的多样化，也能激发学生学习的兴趣。

周兴军执教的四年级《数学广角——鸡兔同笼》，运用数形结合可以使极为抽象的假设方法变得直观形象。例如，鸡的只数增多，兔的只数就要减少，反之鸡少了兔就多了，但它们总的只数和腿的条数是不变的。教师在教学中让学生理解鸡和兔是两个变量十分困难，采用数形结合让学生先假设都是鸡，再把多余的脚填上去，把鸡变成兔子。这样的学习过程既有趣又深刻。

金城执教的六年级"分数解决问题"一课中，数形结合尤为重要，有些问题不画线段图就不能很好地解释和教学。例如，一本书，第一天看了全书的2/5，第二天看了30页，这时看了全书的3/5，全书有多少页？如果单纯靠语言解释，很难解释清楚。而通过画线段图学生就会很直观地明白"30页占全书的1/5"，从而解得全书的页数。以后遇到同类型的问题，学生就知道了解题关键是找具体量占单位"1"的份数。分数问题数形结合起到了事半功倍的作用。

计算教学时经常会借助数形结合来帮忙。例如，加、减、乘、除都借助小棒理解算理。再如，教学六年级分数乘分数的算理及计算方法时，同学们提前预习了内容，知道计算方法，但对算理知之甚少，此时教师借助网格图，让学生一步一步操作涂色，理解每一个分数的含义，知道分母乘分母就是把单位"1"分成的总份数，分子乘分子就是取得总份数，从而使抽象的数量关系具体化，计算方法清晰化。

在小学数学中，大多时候我们都是用形来解决数的问题。这可能就会让学生产生一种思维定式，觉得数比较麻烦，形是大功臣。为了不让学生产生这种误解，教材在六年级安排了"数与形"的教学，在教材中数与形完美结合，图形的规律与数字的规律完美契合，相得益彰。例如，$1^2+2^2+3^2+4^2$和相对应的正方形中小正方形的个数一一对应，以此规律，我们就能解决$1^2+2^2+3^2+4^2+\cdots n^2$的难题，两者结合不光解决了数学难题，还让我们看到了数学的另一种美。

就这样，课题组在互相听课、磨课、评课中，关注学生上课的思考力、表达力、评价点，及时反思整改，编写实践案例和经验总结，整理出适合小学渗透的数学思想和隐藏在教材知识背后的数学思想，形成了丰富的典型案例样本。

第三阶段：总结提炼，构建"四动·四能"教学模式

四年里，工作室提供平台，核心成员赴广州、北京、南京、上海等地学习培训；请北京、敦煌及省内专家来榆中讲座、上课、指导；工作室核心成员在县域内6个学区校献课，在市内多所学校交流研讨。课题研究中期，工作室邀请省教科所王春梅，金城名师马元顺、彭彩云，特级教师冯运芳一行8人来学校指导。我们不断归纳、总结，形成了"四动·四能"教学模式。

（1）"四动·四能"教学模式以"四基"为解决问题的抓手，以渗透数学思想方法为目的，最终达成实现"四能"的培养目标。

（2）"四动·四能"教学模式基本结构。（图1-2）

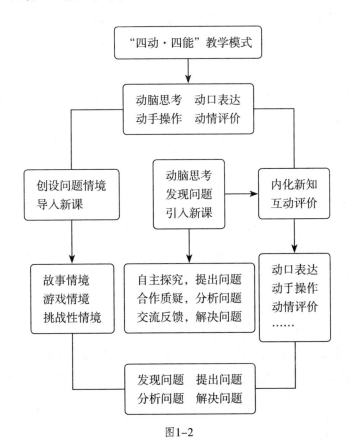

图1-2

（3）"四动·四能"教学模式教学原则。

创新型原则：教师鼓励学生积极思考，树立自信，通过画图的可视性，帮助学生在不断地问题追问下、探索下感悟数学思想方法。

融合性原则：教师要善于打通知识联系，勾连知识间的系统性，设计具有挑战性、新颖性的问题情境，将学生带入动脑思考、动手探索的境地，构建融会贯通的认知结构。

层次性原则：教师心中要有学生，始终为学生的发展着想，数学思想的渗透不可能一蹴而就，而是水滴石穿的过程，一节课数学思想的渗透不能求全、求多，根据学生的年龄特点逐步渗透，逐步学会数学思考。

评价性原则："四动·四能"教学模式中的动情评价要以学生的思维发展水平为标准，根据学生发展差异性，从情感态度、思维水平、表达能力、合作交流等方面进行评价。对思维滞后的学生，教师要多鼓励，增加其自信。

（4）"四动·四能"教学模式中数学思想实施策略。

要深刻理解教材中渗透的数学思想主线：教材中的每一个知识点、每一个习题、每一种解题方法的背后，都蕴含着相关的数学思想。所以每一位数学教师，要从一年级认数开始——落实与教材对应的数学思想；从分类教学中，在同类事物归类中，理解相同属性放一起就是分类思想；在高年级教学中，根据学生思维从形象向抽象转化的特点，设计挑战性的问题。比如：五年级"平行四边形面积计算"一课，由曹冲称象这个生活情境导入，再迁移到求平行四边形的面积，引发学生思维迁移，利用旧知解决新问题，得出可以将平行四边形转化成学过的图形来解决，深刻体验化繁为简及转化的数学思想，理解等积变形的数学本质。这节课提炼三角形面积计算、梯形面积计算都是以转换思想为主线教学的，再推动学生进一步思考。在数学各个领域，转化思想是应用最多、最普遍的。

要理解学生们的思维起点：好雨知时节，正如数学思想方法的教学，教师要设计适合学生年龄特点的情境，抓住知识中蕴含的数学思想方法，让学生们在不断发现与交流中慢慢体验，一点点渗透，切不可直接灌输，导致学生失去学习兴趣。

三、效果与反思

本课题历经方案论证、研究、反思、实践、验收、结题、实践推广等过程，完整规范，效果突出：

数学思想的植入，"四动·四能"教学模式的实施，看到更多的是学生在学习数学基本知识过程中获得数学思想，提高了元认知水平。学生们解决问题有策略了，会触类旁通、举一反三地应用数学思想考虑问题并有效解决。数学思想的渗透，使学生在课堂中学会了思考、学会了表达、学会了评价、学会了学习，理解与体验、能力与素养得以提升，真正实现了减轻负担、高效提质。

此课题在本校实践多年，使学生的学习能力和学习成绩明显提升。学校连续五年获得兰州市教育质量优秀奖、榆中县教育质量优秀奖；学校数学教师在各项活动中获奖比例居全县第一，其中有2名数学教师被评为榆中名师，1名数学教师被评为兰州青年专家，4名数学教师成为全县数学教师标杆与榜样，经常在全县范围内做课示范、讲座交流、试题分析等。全体数学教师在此模式的引领和带动下迅速成长起来。

在课题成果实践的三年中，"构建有思想的数学课堂"给老师们提供了教学范本。各学段数学思想的应用策略和案例设计及"四动·四能"教学模式的应用，提升并促进了老师们专业素质的发展，使我们的数学课堂模式、教学方式、学生的学习方式有了很大的起色和改变，真正提高了课堂效率，使我们对如何研读教材、研读学生，如何更好地在数学课堂中渗透数学思想方法有了新的认识。此课题成果非常适合在小学推广，"构建有思想的数学课堂"是真正对学生以后的学习、生活和工作终身受益的课堂。

不断前行的路上，需要不断反思。我们的老师还缺乏一些善于思考、质疑与创新的精神。下一步，我们将在以下几个方面继续努力。

（1）教师观念需进一步转变；教师教学素质还需提高，特别是课堂驾驭能力和研究教材的能力。

（2）"四动·四能"教学模式的互动需进一步激活，案例研究需进一步校本化。

（3）学生评价需要进一步完善。

参考文献

林碧珍.构建富有数学思想的课堂［M］.福州：福建教育出版社，2014.

02

第二章

单元主题设计

《数的运算》单元教学设计

【教学背景】

"数的运算"贯穿了整个小学阶段，包括四则运算的意义及四则运算之间的关系，获得运算结果（估算、口算、笔算、计算器），运算律、运算性质。数的运算模型简单归纳起来就加法、减法、乘法、除法四则运算。在小学阶段我们主要对学生进行数的加法、减法、乘法、除法运算的教学。下面是我们对第二学段《数的运算》所做的详细分析。

【数学分析】

数的运算是数学知识中的重要内容，数学计算能力是一项基本的数学能力，包含了计算速度和正确率两方面。计算能力是学习数学和其他学科的重要基础。在小学数学教材中计算所占的比重很大，学生计算能力的高低直接影响着学生今后的数学学习，因为数学中有些概念的引入需要通过计算来进行，数学中解决实际问题的解题思路、步骤、结果也要通过计算来落实。几何知识的教学要涉及周长、面积、体积的求法，这些公式的推导与运用同样离不开计算，至于简易方程、比例和统计图表等知识也无不与计算密切相关。可见提高学生的计算能力是至关重要的。

【课标分析】

数的运算是对数据依某种模式而建立起来的关系进行处理的过程。最基本的数据运算有：①算术运算，如加、减、乘、除、乘方、开方，等；②关系运算，如等于、不等于、大于、小于，等；③逻辑运算，如与、或、非，等。数的运算在数学教学中具有极其重要的地位，在小学阶段数与代数中有专门的板块，下面就第一学段与第二学段进行对比分析。

（一）相同之处：联系生活，在具体情境中了解、感知

数学源于生活，而又用于生活，小学数学第一学段与第二学段都要求在具体的情境中去理解数的运算，同时要求能运用数的运算解决生活中的简单问题，要求教师创设情境，通过情境加深学生对于数学运算的理解。

（二）不同之处：知识建构、层次、深度等不同

1. 第一学段注重对算法的理解，第二学段注重对算理的体会

课标中指出：第一学段，经历与他人交流各自算法的过程；第二学段，不仅要能与他人交流各自算法，还要有自己的体会，能够说出道理，即：知其然还要知其所以然。

2. 第二学段以第一学段为基础，知识的建构是第一学段知识的拓展与延伸

第一学段是基础，对整数数域的范围局限于五位数，四则运算要求是两步运算，对于分数的运算局限于同分母分数（分母小于10），对于小数运算局限于一位小数。第二学段是发散，整数数域增加了亿这个新的名词，四则运算要求以两步运算为主，可以是三步运算，分数的运算增加了异分母的运算，小数的运算也有了一定的拓展，同时，对于整数、分数、小数进行了有机整合，有了数与数之间的相互转化。

3. 第一学段要求数的运算能够算出正确答案即可，第二学段提倡算法的优化

第二学段要求学生探索并了解运算律，会运用运算律进行一些简便运算，也就是说，在算法多样化的基础上要有辨别意识，要对算法进行优化，注重学生思维能力的培养。

【学情分析】

四年级时期： 四年级时期是学生从低年级向高年级过渡的关键时期，也是学生的心理发展、智力发展的转型期。这个时期学生的思维转向去探究"为什么"，开始有了自己的观念与想法，对不懂的问题能够有自己的思考并设法解决，而不是只听老师的指导与讲解。在一些问题上他们敢于跟老师辩论，思维发展的突破性较大。以前听不懂看不懂的知识，现在能够根据知识的积累而慢慢搞懂，所以学习也由被动学习逐渐转变为主动学习。

五年级时期： 五年级学生的思想已经渐渐成熟，对外界事物的反应没有之前那么强烈，能够基本学会管理和约束自己，能够较为全面地去考虑问题，基本上能够把握主次规律；在见解方面倾向于保留自己的认知，学会了倾听并做出分析；开始转向理性化的思维模式；对于问题的求解，不只注重结果，更多地倾向于过程的探索与理解。所以，教师在教学活动中要分清主次，把握学生的发展特点，鼓励并引导学生进行探索性学习。

六年级时期： 六年级学生的思想基本成熟，能够使外界因素对自己的影响降低到最小化；能够给自己建立目标，并管理好自己。在思考问题上面，六年级学生对问题的内容、过程、影响等都能够很好地考虑进去；能够发现自己的不足并学会改正。这一阶段学生思维模式偏向理性思维，对问题不仅能知其然，还能够知其所以然。学生的知识储备已经达到小学阶段的最高峰，对问题的思考有条理、有见地。所以在这个阶段，教师主要做的就是引导，帮助学生指引方向，引导他们使用正确的方式去解决问题。

【教材分析】

现行小学数学教材有人教版、北师大版、西师大版、青岛版、苏教版等多个版本。教材的多样性为教师的教学提供了充足的材料，教师可以根据自己学生的特点、认知水平，选择合适的教学手段和方法。

数的运算是人们日常生活中应用最多的数学知识，因此它历来是小学数学的基本内容，也是现行《课程标准》规定的四个学习领域之一，它可以帮助人们从数量关系的角度更准确、更清晰地认识、描述和把握现实世界。教材在编排"数与运算"这一基本内容时，采用了由浅入深、由易到难的螺旋式方式，结合小学生的年龄特征进行编排。这样的编排既让学生有较长的时间，通过较丰富的现实素材，逐步体会、理解数的运算，分散了教学的难点，减轻了学生的学习负担；也使得原来比较枯燥的计算教学变得生动、有趣。同时，在丰富的感性经验的基础上，第二学段出现的比较抽象的运算知识，符合学生数学学习的认知规律，并可促进学生思维水平的提高。下面就人教版教材与北师大版教材进行对比分析。

（一）相同点

1. 整数运算—小数运算—分数运算

通过两种教材对比分析，我们不难看出，教材的编写思路基本相同，都是通过数域的扩充逐步引出了小数与分数，由易到难。四年级上册主要是整数的运算，四年级下册与五年级上册都是小数的运算，五年级下册与六年级上册是分数的运算，符合学生思维能力的形成规律。

2. 创设情境激发兴趣

两种教材在新课学习前都由创设情境来引出新课的学习，激发学生的学习兴趣，变"被动学习"为"主动学习"。

3. 注重知识的形成

教材不是直接将答案一目了然地呈现出来的，对于一些定理、规律都是通过一步步地思考而总结出来的，例题的设计大多展示学生合作、交流的情境，让学生在互助中完成对于知识的理解与掌握。

4. 通过解决问题渗透数学思想

两类教材中，摒除了以前的应用题的章节，将解决问题细化渗透进各个章节，让学生运用本章所学知识解决生活问题，将"转化""函数""集合"等数学思想进行了渗透，帮助学生在掌握算法的基础上，对算理的理解有了更深地认识。

（二）不同点

人教版教材按照加法运算定律—乘法运算定律进行衍生，而北师大版教材则按照交换律（加—乘）—结合律（加—乘）—分配律，两种编排都有一定的道理。

人教版逻辑性强，注重数学知识的整体性；北师大版思维跳跃大，注重趣味性、灵活性与活动性。习题环节，北师大版教材多以"练一练""说一说""数一数"出现，人教版则多以"想一想""试一试""练一练"出现，两者各有特色。如果将两者进行有机结合，对于学生的发展会更好。

【教学目标】

总体目标：

经历将一些实际问题抽象为数与代数问题的过程，掌握数与代数的基础知识和基本技能，并能解决简单的问题。经历运用数学符号和图形描述现实世界的过程，建立初步的数感和符号感，发展抽象思维。

学段目标：

（1）会口算百以内一位数乘、除两位数。

（2）能笔算三位数乘两位数的乘法，三位数除以两位数的除法。

（3）能结合现实素材理解运算顺序，并进行简单的整数四则混合运算（以两步为主，不超过三步）。

（4）探索和理解运算律，能运用运算律进行一些简便运算。

（5）在具体运算和解决简单实际问题中，体会加与减、乘与除的互逆关系。

（6）会分别进行简单的小数、分数的加、减、乘、除运算及混合运算。

（7）会解决有关小数、分数和百分数的简单实际问题。

（8）在解决具体问题的过程中，能选择合适的估算方法，养成估算的习惯。

（9）能借助计算题进行较复杂的运算，解决简单的实际问题，探索简单的数学规律。

【教学重、难点】

教学重点：

（1）能进行整数、小数、分数（不含带分数）的四则混合运算，并应用运算律（加法的交换律和结合律、乘法的交换律和结合律、乘法对加法的分配律）进行一些简便运算。

（2）了解常见的数量关系：总价=单价数量、路程=速度时间，并能解决有关小数、分数、百分数的简单实际问题。

（3）在解决问题的过程中，能选择合适的方法进行估算，能表达自己的想法。

教学难点：

（1）能够选择合适的运算律使一些计算简便。

（2）在解决问题的过程中，能够选择合适的方法进行估算，并能表达自己的想法。

（3）解决有关小数、分数、百分数的简单实际问题。

【教学方法分析】

培养学生具有正确、迅速的运算能力是数学教学的一个重要目的。学生运算能力的差异主要表现在运算的正确性、迅速性、灵活性和合理性上。因此对于学生运算能力的提高，我们可以采用以下教学方法。

（一）优化算法、算理，体现自主多元的学习方式

在运算教学中，教师必须重视算理教学。让学生掌握算理，不仅是为了完成本节课的重点任务——"学会怎么算"，也是为了给后续教学较复杂运算知识打下坚实的基础——"知道为什么这样算"，更是为学生今后形成良好数理运算的思维习惯确立方向——"如何寻找运算策略"。

（二）培养学生良好的计算习惯，优化运算方法

养成"一看、二想、三算、四验"的好习惯。一看，即要求学生做作业时养成认真审题的习惯，看清数字、符号及数字与符号之间的关系。二想，即要求学生在计算前先根据式子的特点进行认真思考。三算，即要求学生认真细心地计算，尽量做到算一步查一步，力争一遍正确无误。在计算过程中要求规范书写，即注意书写格式。运算过程上要一丝不苟，字迹清晰、工整。四验，即要求学生运用不同的数学方法，从不同的角度进行检验，这样不仅使学生会验证运算结果，而且反过来又会促进运算能力的进一步提高。

（三）练习形式多样化，提高学生的运算效率

运算能力的培养离不开适度的练习，任何知识都需要在用的过程中逐渐被接受和内化。我们积极在练习形式多样性和趣味性方面下功夫，提高练习的操作性，教、学、做合一；增强练习的游戏性、挑战性和趣味性，寓学于乐。例如，把练习过程变成学生的小组活动任务、小竞赛、小游戏、自编运算题、制作算式迷宫图、算式过关游戏等，既能吸引学生主动参与，变"要我练"为"我要练"，又激发了学生的创新能力、竞争意识，从而提高了计算教学的效率。

（四）积极设置实践活动，提高学生的自主学习能力

组织形式多样的实践活动，帮助学生在活动中积累丰富的数学经验，促使学生联系生活实际充分体验数学思想，并主动应用数学方法解决实际问题。

【教学阶段划分】

基于数的运算（第二学段）在小学数学中的特殊地位，对数的运算（第二学段）的教学可以分为以下几个阶段。

（一）三位数乘两位数的乘法（四上）（7课时）

主要教学内容：

（1）能计算三位数乘两位数的乘法。

（2）了解常见的数量关系：总价=单价×数量、路程=速度×时间，并能解决简单的实际问题。

（二）三位数除以两位数的除法（四上）（13课时）

主要教学内容：

（1）能计算三位数除以两位数的除法。

（2）了解商不变的性质并能解决简单的实际问题。

（三）四则运算（四下）（6课时）

主要教学内容：

（1）加、减、乘、除法的意义和各部分间的关系。

（2）认识中括号，能进行监督的整数四则混合运算（以两步为主，不超过三步）。

（3）在具体运算和解决简单实际问题的过程中，体会加、减、乘、除的互逆关系。

（四）运算定律（四下）（11课时）

主要教学内容：

探索并了解运算律（加法的交换律和结合律、乘法的交换律和结合律、乘法对加法的分配律），会应用运算律进行一些简单的运算。

（五）小数的加、减、乘、除运算（四下、五上）（6课时、24课时）

主要教学内容：

（1）能进行简单的小数的加、减、乘、除法的运算及混合运算（以两步为主、不超过三步）。

（2）能解决有关小数的简单实际问题。

（3）能借助计算器进行运算，探索简单的规律。

（六）分数的加、减、乘、除运算（五下、六上）（8课时、11课时）

主要教学内容：

（1）能进行简单的分数（不含带分数）的加、减、乘、除法的运算及混合运算（以两步为主、不超过三步）。

（2）能解决有关分数的简单实际问题。

（七）百分数的简单应用（六上、六下）（8课时、7课时）

主要教学内容：能用百分数解决简单的实际问题。

《图形的周长》单元教学设计

【数学分析】

数学概念是学习数学知识的基石，是培养数学能力的前提。学生建立概念主要通过概念形成和概念同化这两个基本形式。概念形成主要是从大量的具体事例出发，以学生的感性经验为基础，形成表象，进而抽象、概括出一类事物的本质属性。概念同化是利用认知结构中原有的概念，以定义或描述的方式直接向学生揭示新概念的本质属性，进而获得新概念的过程。周长概念形成的主要过程见表2-1。

表2-1

类别	数学分析
感知具体对象	根据教学的内容有目的、有计划地向学生提供丰富的感性材料（如图片、实物）进行演示，引导学生观察，让学生动手操作，以便学生充分接触有关的对象，丰富自己的感性认识
尝试建立表象	通过对所感知材料的分析或语言描述，让学生建立能突出共性的典型表象
抽象本质属性	当学生建立表象后，引导学生比较、综合、抽象、概括，逐步获取对概念本质属性的认识，在尝试用语言或符号进行特征的概括与表征，从而获得概念的形成
概念具体运用	运用概念组成判断，进行推理、计算，分析和解决实际问题

【课标分析】（表2-2）

表2-2

类别	第一学段	第二学段
涉及内容	1.能估测一些物体的长度，并进行测量 2.结合实例认识周长，并能测量简单图形的周长，探索并掌握长方形、正方形的周长公式	通过操作，了解圆的周长与直径的比为定值，掌握圆的周长公式
对比分析	课程标准中对于周长的理解与认识，在两个学段中都有所涉及，其中第一学段主要是对周长本质的认识以及对于概念的理解，不仅有助于学生解决简单的实际生活问题，而且有助于培养学生用数学眼光观察和理解生活现象的习惯。在周长的教学中，要让学生联系生活实际，通过生活中的具体实例认识周长，对于规则图形（如长方形和正方形）的周长探索中，让学生通过动手测量，发现长方形与正方形的对边以及四条边的关系，从而掌握其周长的公式；对于不规则图形，通过联系生活，让学生理解"化曲为直"的数学思想，从而解决数学问题。第二学段的重点由方形转为圆形，让学生通过多次操作，从而归纳总结出圆的周长与半径之间的关系，用圆周率这一条主线，为学生的探索画上圆满的句号	

【学情分析】

人教版教材只有在三年级和六年级涉及周长这一教学任务，所以这里只对三年级和六年级的学情进行分析。

三年级是从低年级到高年级的过渡阶段，是小学比较重要的阶段。学生要接受知识的变化，思维方式的变化，学习方法的变化。此时学生的计算能力比较强，只要认真，基本都能很好地完成计算，但是抽象概括能力不强，分析综合能力不高，类推迁移能力有待于进一步的训练。

六年级学生喜欢各种各样的探索活动，他们希望能够在活动中研究事物、发现问题，更渴望能在研究活动中解决自己的疑问，从中获得成功的喜悦。所以在这个阶段，教师主要做的就是帮助学生指引方向，引导他们使用正确的方式去解决问题。

【教材分析】

教材版本众多，表2-3就人教版与北师大版教材进行对比分析。

表2-3

学段	人教版教材	北师大版教材
第一学段	在认识周长的主题图中，教材给出的一组事物和一组几何图形有一个共同点：都是封闭图形。在陈述周长的概念中有三个关键词：封闭图形、一周、长度，从而让学生理解周长的概念。在后续的周长测量中，注重引导学生运用正确学习的方式和方法，结合尝试计算、探索验证、比较优化、合作交流等活动，引导学生经历自主构建新知的完整过程。在经历不同图形周长求法的知识形成过程中，充分感知周长是长度单位，是可以测量的，同时感受"化曲为直"的数学思想方法，而长方形与正方形的周长计算建立在对于图形特征的认识的基础上。插图中通过两个学生对于周长的计算，不仅让学生总结出公式，而且多种方法让学生学会选择，学会优化	让学生通过描一描不规则图形树叶与规则图形数学书的边缘，然后通过一个小蚂蚁对于树叶的周长以及课本周长的介绍，引出了周长的概念，两个事例，与生活密切相连，学生兴趣比较浓厚。在接下来的周长测量中，通过合作交流完成测量；除此以外，还渗透了方格图这种应用比较广泛的方法。而对于长方形与正方形的周长教学中，教材方法多样，对学生学习理解周长具有一定的指导作用
第二学段	在教学内容中，让学生利用实验的手段，通过测量、计算、猜测圆的周长和直径的关系、验证猜测等过程理解并掌握圆的周长计算方法。教学时指导学生通过测量大小不同的圆的周长和直径，分别算出它们的比值；在自主探索、小组合作交流的基础上，使学生发现圆的周长总是直径的三倍多一点，从而得出圆周率的含义，进而得出求圆的周长的计算公式。因此，人教版教材着力培养学生的探究意识和探究能力，让学生经历动手操作、自主发现知识形成的过程。教学时把重点放在学生通过动手实验，自行总结圆的周长计算公式上面	出示自行车图片，然后提出：人们早就发现，轮子越大，滚一圈就越远。通过简单的生活事例，让学生理解，滚一圈的距离，就是对应圆的周长。然后通过探究，引导学生知道圆的周长与什么有关系。通过一个简单的图表，让学生理解圆的周长与半径、直径等的关系，从而理解圆的周长
相同之处	通过两个版本教材的对比，我们不难发现，对于周长概念的介绍，两种教材都是从不规则图形开始，避免了学生对于概念理解中可能会出现的歧义：规则图形才有周长。同时，对于周长的概念两种教材都用数学的语言进行了描述，避免了个人语言；对于长方形的周长、正方形的周长、圆的周长，都是通过探究的形式让学生发现周长的公式，进而加深对于周长的印象。同时，两个版本的教材对于周长这个基	

续 表

相同之处	础概念,第一学段与第二学段相隔三个年级,这避免了与面积、体积两个单位出现混淆,两种教材都致力于培养学生的推理能力与模型思想,这对于学生的长远发展有很好地促进作用
区别之处	除此之外,北师大版本教材更加注重学生对于周长这个概念的本质认识,将周长这个概念单独以一个单元的形式罗列出来;人教版教材则更加注重知识点之间的关系,让学生在理解图形性质的基础上进行有关周长内容的展开。两种教材各有特色,相互借鉴的话,效果可能会更好

【目标分析】

结合学生年龄特点和已有知识经验,本单元我确立了以下教学目标:

(1)感知周长的概念,发展空间观念。

(2)让学生感知各类图形周长与实际生活的密切联系,激发学生学习数学的兴趣。

【教学重、难点】

教学重点:

(1)认识周长,并能测量简单图形的周长,探索并掌握长方形、正方形的周长公式。

(2)了解圆的周长与直径的比为定值(圆周率),掌握圆的周长公式,并能解决简单的实际问题。

教学难点:

(1)测量曲线型图形的周长、用平移的方法比较周长。

(2)理解圆周率的意义和圆的周长计算方法的推导。

【教学方法】

(一)紧密联系学生的生活实际

具体实施:通过对日常生活中的图形的观察和测量,引导学生探索长方形、正方形、圆的特征,联系一些常见物体和图形建立周长的概念,通过解决生活中的实际问题,认识长方形、正方形、圆的周长并学会计算。

（二）引导学生主动探究

具体实施：对知识和方法不是直接地揭示，也不强加给学生，而是靠学生在自己感知的基础上探索获得。这样的安排，既有利于培养学生主动学习和探索的习惯，促进学生学习方式的转变，使学习过程成为主动的、生动活泼的和有个性的过程，也有利于学生对空间观念的形成。

（三）培养学生解决问题的能力

具体实施：通过一些开放性的问题和习题，激发学生探索和解决问题的热情，引导学生探索解决问题的不同途径和方法，并有目的地培养合作学习的意识。

【教学阶段划分】

基于周长在小学数学中的特殊地位，对人教版有关周长的教学可以分为以下几个阶段（表2-4）。

表2-4

课题与年级	课时安排	具体内容
认识周长（三上）	2课时	认识四边形。认识什么是周长，并能测量简单图形的周长
长方形、正方形的周长（三上）	3课时	探索并掌握长方形、正方形的周长公式。用长方形、正方形的周长计算方法解决简单的实际问题
圆的认识（六上）	1课时	结合实例认识圆
圆的周长（六上）	2课时	了解圆的周长与直径的比为定值。探索并掌握圆的周长公式。用圆的周长计算方法解决简单的实际问题

附：《周长》单元教学设计

一、教学内容

教材83页例3。

二、教学目标

（1）结合实例认识周长，并能测量简单图形的周长。

（2）通过描一描、找一找、摸一摸、量一量等活动，让学生在具体操作中感受、体验、探索图形的周长，感知周长的概念，发展空间观念。

（3）让学生感知周长与实际生活的密切联系，激发学生学习数学的兴趣。

三、教学重、难点

教学重点：通过充分观察，体验感知周长的概念。

教学难点：理解周长的概念，学会探索图形周长的测量方法。

四、教学过程

（一）导入

让学生感知玻璃片的一周。

（二）对学生活动的指导学习过程

活动一：初步感知，理解周长的概念

（1）感知、理解"一周"

① 描一描。

学生独立描出树叶的一周（图2-1）。

图2-1

汇报交流。

教师：谁愿意来为大家演示一下你是怎么描的？请用笔指着，说清楚从哪里开始到哪里结束？

（生演示）

教师：看来，不管从哪里开始，大家都是从一点出发，沿树叶的边线绕一圈，最后又回到这一点，这就是树叶的一周。（板书：一周）

② 找一找，摸一摸。

在生活中，有许多物体的表面也像树叶一样有一周。

请同学们用一根手指摸一摸钟面的一周，再请同学们摸一摸课本封面的一周，找身边物体表面的一周。

设计意图：亲身体验描一描，初步建立"一周"的表象；到生活实际中找一找、摸一摸，加深对"一周"的理解。

（2）感知周长的概念。

① 感知树叶的周长。

教师：像这样从一点开始沿着边绕一圈再回到这儿，这一周的长度就是树叶的周长。（板书：长度、周长）

问题：如果从这个点开始（另选一个点），你还能指指吗？

② 感知图形的周长。

a. 出示月牙形和三角形图片（图2-2）。

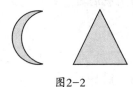

图2-2

b. 它们的周长应该是从哪儿到哪儿的长度？引导学生边指边说出月牙一周的长度是月牙的周长，三角形一周的长度是三角形的周长。

c. 学生找一找、说一说身边物体表面的周长。教师巡视时要注意寻找不规则图形周长的学生，汇报时要求学生边指边说。

即时练习（教材第83页例3）。

描一描，独立在书中描出它们的周长（图2-3）。

图2-3

总结：像这样，首尾相连的图形叫作"封闭图形"。（板书：封闭图形）

③ 完善周长的概念。

a. 课件出示（图2-4）：

图2-4

问题：这个图形有周长吗？为什么？

预设：从一点开始，沿着边不能回到开始的这一点。

总结：看来，只有封闭图形才有周长。谁能完整地说一说周长的概念？

预设：封闭图形一周的长度就是它的周长。

b. 找一找，下面哪些图形能找出它们的周长，哪些不能？（图2-5）

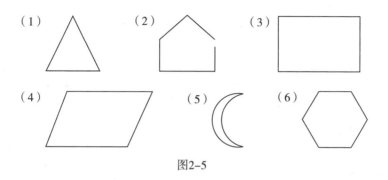

图2-5

设计意图：结合实例，让学生通过指一指、找一找、说一说、描一描等一系列体验活动，使学生经历丰富的感知过程，获得对周长的感性认识，建立丰富的表象。

（三）进一步体会周长与长度的关系

拿出课前准备的50厘米长的绳子快速围成一个封闭图形，并指出所围成的封闭图形的周长是从哪儿到哪儿的长度，再想一想它的周长是多少。

交流后小结：我们用的是同样长的绳子，不管围成什么形状，这一周的长度都是50厘米，它的周长就是这根绳子的长度。

设计意图：通过围一围、指一指、想一想等体验活动，使学生深刻意识到图形的周长就是绳子的总长度，周长的本质就是"长度"已经深深扎根于学生的头脑之中。

活动二：探究求周长的策略

我们已经认识了周长，要想知道下面图形（图2-6）的周长是多长，怎么办？（测量）

图2-6

1. 小组合作要求

（1）老师为大家准备了直尺、软尺、绳子，请大家根据需要选择合适的测量工具测量出它们的周长。

（2）小组4人每人选择1个图形进行测量。请先独立思考选择什么测量工具，有想法或者有困难的都先在小组内交流一下，再动手。

2. 动手测量

略。

3. 展示方法

谁来说一说你们测量的方法和测量的结果？

（1）三角形、长方形、正方形等直边的测量方法。

思考：如果老师给你的是五边形，它的周长是几条边的总长度？六边形呢？八边形呢？

小结：先测量图形的各边有多长，再把几条边的长度加在一起，就是图形的周长。

（2）心形等曲边的测量方法。

预设：

学生：我们是用绳子直接沿着它的边绕一圈，再用尺子量出绳子的长度，绳子的长度就是心形的周长。

小结：生活中我们会经常碰到无法直接用直尺测量的情况，就可以向同学们这样先用绳子围一围，再将绳子拉直，测量绳子的长度，这也就是"化曲为直"的方法。

设计意图：在初步建立周长的概念之后，引导学生探究不同图形的周长，鼓励学生利用现有的工具思考并得出测量周长的不同方法。形式多样的测量方法丰富了学生的思维，让学生在测量、计算中进一步体会周长的含义，同时感受到"化曲为直"的数学思想方法。

活动三：实践应用，拓展延伸

下面两个图形（图2-7），哪个图形的周长更长？

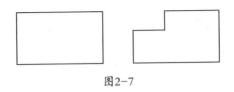

图2-7

设计意图：通过对比、辨析加深学生对周长含义的理解，体会图形的转化思想。以两只小蚂蚁争吵的方式呈现，让学生在轻松的环境中思考数学问题，增强了学生解决问题的趣味性。

数学阅读：数学文化渗透

五、归纳总结，内化新知

今天，我们认识了周长，并且用周长的知识解决了一些问题，你能谈谈你都学到了什么，还有什么不懂的地方吗？

设计意图：让学生谈一谈自己的收获，是对本课知识的梳理和加深，从而让学生体验成功的快乐。

六、开放性作业

短期实践作业：同学们，月有阴晴圆缺，人有悲欢离合，此事古难全。请你在课后查阅资料，看看月亮在圆缺不断变化的过程中，它的周长是如何变化的？

长期趣味作业：测量自己的腰围，做好自己的成长记录，每年都测量，把数据记录下来，你会发现，自己就像小树一样在不断茁壮成长，让我们一起体验成长的快乐。

《图形的运动（三）》单元教学设计

【单元学习主题】

图形的运动（三）。

【主题解读】

（一）从课标角度看

《义务教育数学课程标准（2011年版）》在"学段目标"的"第二学段"中提出："体验简单图形的运动过程，能在方格纸上画出简单图形运动后的图形，了解确定物体位置的一些基本方法。""在观察、实验、猜想、验证等活动中，发展合情推理能力，能进行有条理的思考，能比较清楚地表达自己的思考过程与结果。""能探索分析和解决简单问题的有效方法，了解解决问题方法的多样性。""在运用数学知识和方法解决问题的过程中，认识数学的价值。"

《义务教育数学课程标准（2011年版）》在"课程内容"的"第二学段"中提出："通过观察、操作等，在方格纸上认识图形的平移与旋转，能在方格纸上按水平或垂直方向将简单图形平移，会在方格纸上将简单图形旋转90°。""能从平移、旋转和轴对称的角度欣赏生活中的图案，并运用它们在方格纸上设计简单的图案。"

本单元学习内容起着承上启下的重要作用，既要关注新旧知识的联结点，用原有知识推动新知识的学习，又要为中学的学习打下坚实基础。教师在教学时要切实把握好"图形旋转"的具体目标及其要求的"度"。

（二）从学科本体上看

本单元的学习属于"图形与几何"这一大单元，本单元的教学内容主要是旋转。学生在二年级已经初步感知了生活中的旋转现象，能在方格纸上画出简单的旋转后的图形。本单元的内容是让学生进一步认识图形的旋转，探索图形旋转的特征和性质；让学生观察钟表指针旋转的过程，认识这些实物是怎样按照顺时针或逆时针方向旋转的，明确旋转的方向和角度，探索图形旋转的特征和性质，让学生学会在方格纸上画出把简单图形旋转90°后的图形。本单元还涉及了描述图形运动的内容，让学生对图形的运动有更加深入地了解，同时提高学生的语言表达能力。本单元通过还原图案的活动，培养学生的空间想象能力和思维能力。

（三）从教材方面看

人教版教材关于图形的运动的具体编排分为以下三个层次。

图形的运动（一）：在二年级下册，初步感知生活中的对称、平移和旋转现象，初步认识轴对称图形。

图形的运动（二）：在四年级下册，进一步认识图形的轴对称，探索图形成轴对称的特征和性质，能在方格纸上将一个轴对称图形补充完整，会在方格纸上画出一个简单图形沿水平、竖直方向平移后的图形。

图形的运动（三）：在五年级下册，进一步认识图形的旋转，学习在方格纸上画出一个简单图形旋转90°后的图形，能从对称、平移和旋转的角度欣赏生活中的图案，并运用它们在方格纸上设计简单的图案，进一步增强空间观念。

（四）从整体上看

整个小学阶段都只是初步认识图形的运动，上面这些具体目标可概括为：积累感性认识，形成初步表象。其外显的表现就是"能识别""会画图"，离定性的认定量的研究还有一定距离。因此，此阶段学习的主要方式是结合实例，通过观察与动手操作，如折纸、画图等活动来进行。同时，教材规定了画图的行为条件"在方格纸上"，为学生提供了参照系，自然也是降低了学习的难度。

【单元学习目标】

（一）目标确定

1. 从课标要求来看

通过观察、想象、操作等活动，培养学生的推理能力和空间观念。这一单元学习的主要方式是结合生活实例，"能识别"典型的旋转现象，"会画图"是指在方格纸上画出简单图形旋转90°后的图形。教师应设计大量的看一看、画一画、摆一摆、拼一拼等操作活动，而且要设计需要学生进行想象、猜测和推理的探究活动，培养学生的空间想象力和推理能力。例如，教师在教学方格纸上画旋转90°后的图形时，可以先让学生用学具（如三角形）放在方格纸上，按要求转一转，再画下来，然后讨论三角形上的两条边转动到了哪里，由此逐步引出画图步骤。之所以先"转"再"画"，是因为动手旋转学具比画图容易，学生通过操作，看清楚了旋转后图形的位置，再来讨论怎样画，就比较容易找到画图的方法。再如，教师在进行解决问题的教学时，利用七巧板拼出小鱼图案，既需要学生利用图形的运动动手操作，不断尝试，也需要根据图形的特点进行判断和推理，在此过程中增强学生的空间观念。

2. 从教材单元内容来看

教材单元内容注重联系生活实际，让学生感知旋转现象，欣赏生活中的图案。这一单元的教学需要选取学生熟悉的实例作为研究素材，如风车、道闸、秋千，尤其是像道闸和秋千这样旋转角度不是360°的实例，丰富学生的认知，有意识地引导学生探讨。"钟表"也是学生熟悉的事物，教师引导学生通过观察钟表、旋转指针，明确图形旋转的三要素。生活中更是有许多通过平移、旋转和对称形成的美丽的图案。学习图形的运动的一个重要目的是使学生能运用数学的眼光看待现实世界，能在生活中发现并欣赏旋转运动的应用，体会数学对人类社会的作用，教师在教学时可以动态呈现一些基本图形旋转或平移后的美丽图形、图案以及生活中的应用，鼓励学生从变化的角度去欣赏，感受其中蕴含的美，感受数学的应用价值、文化价值和美学价值。

3. 从单元学情上分析

五年级学生的思想基本成熟，能够使外界因素对自己的影响降低到最小化；能够给自己建立目标，并管理好自己。其思维模式偏向理性思维，对问题不仅能知其然，还能够知其所以然。这时候的学生喜欢各种各样的探索活动，他们希望能够在活动中自己去研究事物、发现问题，更渴望能在研究活动中解决自己的疑问，从中获得成功的喜悦。

让学生经历解决问题的一般过程，认识数学的价值。"阅读和理解"要让学生自己学会审题，理解图形问题的情境，获得数学信息，发现要解决的数学问题是什么。比如这一单元中小鱼的拼组问题，让学生明确要解决的数学问题有两个：一是小鱼图案是如何由七巧板的图形拼组出来的，二是说明每块板是怎样平移或旋转得到小鱼图案的。"分析与解答"是让学生探索解决问题的不同方法，可以采用小组合作、交流讨论的方式进行，引导学生发现找出小鱼的构成方案是第一步要完成的内容，然后从已有知识经验出发，自主探索解决问题的方案并解决。"回顾与反思"鼓励学生回顾总结解决问题的步骤和方法，用自己的语言总结并简单记录解决问题的方法，体会答案的不唯一性，小鱼可以有不同的拼组方案。通过这样一系列的经历，学生学会从数学的角度发现问题，增强应用意识，获得分析和解决问题的一些基本方法，体验解决问题方法的多样性，学会与他人合作交流，从而初步形成评价与反思意识。

（二）学习目标

（1）进一步认识图形的旋转，探索图形旋转的特征和性质，能在方格纸上画出简单图形旋90°后的图形。

（2）学会描述图形的运动过程，包括平移和旋转的过程。

（3）在数学活动中，经历图形运动的认知和探究过程，感知图形运动的现象，并积极体验观察、想象、推理和分析的学习方法。

（4）让学生在数学学习活动中，欣赏图形的运动所创造出的美，培养学生的学习兴趣，进一步感受平移和旋转等运动在生活中的应用，体会数学的应用价值。

【教学重、难点】

教学重点：

（1）掌握图形旋转的三要素。

（2）用语言描述图形运动的过程。

教学难点：

（1）探索图形旋转的特征和性质。

（2）在方格纸上画出旋转90°之后的图形。

【单元学习活动】

（一）学习内容

《图形的运动（三）》是人教版数学教材五年级下册第五单元的内容，主要内容是旋转。这个内容在二年级下册出现过，要求学生从日常生活中的典型实例初步感受旋转运动的特点即可，在五年级再出现时，则要求学生进一步认识图形的旋转，重点探索图形旋转的特征，并能在方格纸上画出一个简单图形旋转90°后的图形。基于学生的基础和本节课的内容，我以研学后教的理念为指导，围绕三个活动开展教学：①通过交流知道旋转的含义；②通过观察发现旋转的特征；③探讨图形旋转的画法。三个活动引领学生经历了自主探索、观察发现、合作交流实践探究、巩固应用、欣赏感悟的过程，知道了旋转的含义，理解旋转的特征并能初步应用。

（二）单元学习规划

基于图形的运动在小学数学中的特殊地位，对《图形的运动（三）》的教学可以分为以下几个阶段。（表2-5）

表2-5

课时	学习目标	学习活动
第1课时：旋转的含义	1.认识旋转的含义及旋转三要素 2.会用语言描述旋转	利用钟表（线的旋转）探索旋转的三要素，再上升到图形的旋转（面的旋转），使学生知识的建构由浅入深，循序渐进，自然地突破了教学的重、难点
第2课时：把一个简单图形旋转90°	1.探索图形旋转的特征和性质 2.学会在方格纸上画出旋转90°后的图形	借助三角尺在方格纸上的旋转使学生探索旋转的特征和性质。小组合作利用旋转的性质画出一个图形旋转90°的图形
第3课时：解决问题	1.学会描述图形运动的方式 2.运用图形运动原理还原打乱的图片	动手操作用七巧板拼出小鱼，通过摆一摆、拼一拼的活动培养学生的空间想象力和推理能力

【教师反思】

（一）紧密联系学生的生活实际

整节课，学生都是围绕研、学、问完成系列的学习任务而展开的。本节课先利用钟表（线的旋转）探索旋转的三要素，再上升到图形的旋转（面的旋转），使学生知识的建构由浅入深，循序渐进，自然地突破了教学的重、难点；通过观察、探索、语言描述、欣赏、绘制等一系列活动，从生活实际引入，为创设探索提供了条件，使学生在观察和操作中，对知识的思考与实物模型的演示和操作有机结合起来，在头脑中形成表象，建立概念，以动促思。这样，学生始终以一个探索者、发现者的角色投入学习活动。本节课让学生经历了自主、合作、探究的过程，真正做到了把时间还给学生，让问题成为中心，使过程走向成功。

（二）充分利用多媒体教学

旋转是一种基本的图形变换，但学生理解旋转的特征是一个难点。我采用多媒体辅助教学，以直观呈现教学素材，从而更好地激发学生的学习兴趣，增大教学容量，特别是从指针变形到三角尺，更好地联系了线与面的过渡，让学生从线的研究迁移到面的研究。

附：《图形的运动（三）》单元教学设计

一、教学内容

教材83～84页例1、例2。

二、教学目标

（1）进一步认识图形的运动方式之一——旋转，能在活动中探索出图形旋转的特征和性质，能结合具体实物用语言描述旋转的三要素。

（2）通过观察、想象、分析和推理等过程，增强空间观念。

（3）使学生体会到旋转在生活中的应用，感受到数学的应用价值。

三、教学重、难点

教学重点： 理解旋转含义，感悟其特征及性质。

教学难点： 用数学语言描述物体旋转过程及会在方格纸上画出线段旋转90°之后的图形。

四、教学目标

（1）进一步认识旋转，会用数学语言描述旋转的过程，能在方格纸上画出线段旋转90°之后的图形

（2）培养学生的推理能力和空间观念。

五、活动过程

1. 导入：呈现生活实例，引出研究课题

还记得这是什么现象吗？

2. 探究新知

活动一：理解旋转三要素

独立自主学习：

（1）生活中你见过哪些旋转现象？

（2）观察教材第83页例1的钟面，思考以下问题：

① 指针从"12"到"1"是怎样旋转的？

② 指针是绕哪个点旋转的？

③ 向什么方向旋转？转动了多少度？

④ 试着填一填。

3. 想一想

要想把一个旋转现象描述清楚，应该从哪些方面去说明？

活动二：动手操作，感悟旋转

合作互助学习：小组内交流独立自主学习的相关内容，对有争议的问题在全班进行交流。

教材第84页例2：将直角三角尺固定在方格纸上，每次按顺时针方向旋转90°，观察三角尺的位置是如何变化的。

（1）在小组内说说你的发现。

（2）换另一把三角尺，在方格纸上按逆时针方向转一圈，并说一说。

活动三：实践应用

展示引导学习：

（1）指针从"1"绕点O顺时针旋转60°后指向（　　　）。

（2）指针从"10"绕点O逆时针旋转90°后指向（　　　）。

你知道方格纸上图形的位置的关系吗？

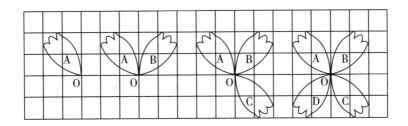

图形B可以看作图形A绕点（　　　）顺时针方向旋转90°得到的。

图形C可以看作图形A绕点O顺时针方向旋转（　　　）得到的。

图形B绕点O顺时针旋转180°到图形（　　　）所在位置。

图形D可以看作图形C绕点O顺时针方向旋转（　　　）得到的。

活动四：拓展应用

（1）感受旋转产生的美丽图案。

（2）感受图形旋转的应用。

《小数的加法和减法》单元教学设计

——数的运算

【单元学习主题】

（一）主题名称

《小数的加法和减法》——数的运算。

（二）主题解读

1. 从课程标准来看

数的运算属于"数与代数"领域（包括"数的认识""数的运算""常见的量""式与方程""比和比例"和"探索规律"几个部分）。数的运算是小学数学的重要内容，也是课程改革的重点。《义务教育数学课程标准（2011年版）》在"学段目标"的"第二学段"中提出了"掌握必要的运算技能""初步形成数感""在观察、实验、猜想、验证等活动中，能进行有条理的思考，能比较清楚地表达自己的思考过程与结果"。《义务教育数学课程标准（2011年版）》在"课程内容"的"第二学段"中提出："能进行简单的小数的加、减运算及混合运算（以两步为主，不超过三步）。""能解决小数的简单实际问题。""经历与他人交流各自算法的过程，并能表达自己的想法。""会应用运算律进行一些简便运算。"所以本单元教学要培养学生的应用能力及其他的能力。

（1）选取生活素材，培养应用意识。

现实生活中，蕴含着大量的小数加减计算的活动。因此，教材在编排上，都是选取学生熟悉的、具有一定联系的、符合学生认知特点的生活素材来开展小数加减法的教学活动的。例如，本单元以买书购物情境为背景引入教学，将计算融于这一现实背景下，分别引出小数加减法、小数加减混合运算等教学活动。本单元通过将学生置于相关的生活情境中，让学生自然地实现由生活到数学的转化，使学生体会到小数加减计算在现实生活中的作用以及对人类活动的重大意义，激发学生学习小数加减法的兴趣，使小数计算成为一种学习的需要，而不是简单的计算，促进学生数学应用意识的形成。

（2）调动已有经验，实现知识迁移。

学生在以往的学习中已经掌握了整数加减法及一位小数加减法的计算方法，理解了整数加减法的算理，并且已经积累了大量关于元、角、分的知识。在本册教材中学生还掌握了小数的意义和性质，这些都为学生理解小数加减法的算理打下了扎实有效的知识基础，是学生探究小数加减法的有利条件。小数加减法的算理和算法与整数加减法联系紧密，教材中例1、例2的学习就是以此为基础的；而例2学习的数位不同的小数加减法又是以例1学习的数位相同的小数加减法竖式计算为基础的；例3是从一步小数加减法计算发展到两步小数加减法的混合运算，学生就能以例1、例2知识为基础，尝试运用已有的知识经验自主迁移、类推，并在学习过程中逐步提高运算能力，体会到算法的灵活性与多样性，并为后面例4的学习打下基础。我们应充分利用这些有利条件，使学生头脑中的旧知识与所要学习的新知识产生联系，激活学生的相关知识和相关数学活动经验，促进实现学习的正迁移。

（3）形成运算技能，发展运算能力。

运算技能是指能够按照一定的程序与步骤进行运算。它是一种接近自动化的，以一定程序组织起来的复杂的智力动作系统。而运算能力，并非一种单一的、孤立的数学能力，而是运算技能与逻辑思维等的有机整合。运算能力是数学思考的重要内涵。

① 学习和掌握数的运算，一开始总是和具体事物相联系的，之后逐步脱离具体事物，抽象成数与式。例如，本单元的例1、例2就借助贴近生活的素材开展教学活动，并提出问题"为什么要把小数点对齐"启发学生积极思考，尝试把抽象的算理具体化，意图让学生在理解算理的基础上掌握算法，逐步把小数加减法剥离具体情境抽象出小数加减的计算法则。这样编排，重在让学生经历

计算方法的获得过程，展示计算方法的形成过程和学生的思维过程，以达到让学生真正理解算理，掌握算法，形成计算技能，发展运算能力的目的。

② 运算能力需要经过多次反复训练，螺旋上升逐步形成，在这一过程中，安排一定数量的练习，完成一定数量的习题是必不可少的。题量过少，训练不足，难以形成能力；而题量过多，搞成题海战术，反而适得其反，会使学生产生厌学情绪。应当重视学生是否理解了运算的道理，是否能准确地得出运算的结果，而不应单纯地看运算的熟练程度。教学本单元时，应把握学习小数加减法的要求，进行适量训练，科学安排，合理调控，发展学生运算能力。

③ 一题多解体现了运算的灵活性。例如，教学"将整数加法运算定律推广到小数"时，可以引导学生将自己的方案与同学的相互比较、借鉴，在不断完善中使自己的方法逐步优化，同时促使学生感悟到：实施运算，不仅要正确，而且要灵活、合理和简洁。

（4）经历推理过程，完善知识认知。

反思传统教学，对学生推理能力的培养往往被认为就是加强逻辑证明的训练，主要形式就是通过习题演练掌握更多的证明技巧。显然，这样的认识是有局限性的。《义务教育数学课程标准（2011年版）》强调通过多样化的活动来培养学生的推理能力。例如，教学"整数加法运算定律推广到小数"时，可以通过几组典型例子的呈现，引导学生观察这几组算式有什么特点，唤起学生已有的知识经验，并通过观察、计算、猜想、验证、推理等活动，使学生经历由特殊到一般的举例验证的过程，通过不完全归纳法来发现整数加法的运算定律对于小数也同样适用。学生在亲身经历的用合情推理发现结论的完整推理过程中，积累数学活动经验，完善对加法运算定律的认知，提升数学素养。

小数四则运算与整数四则运算的意义和算理从本质上说是相同的，整数加减法的关键是数位对齐，小数加减法的关键是小数点对齐，实际都是将计数单位相同的数上下对齐，小数的乘除法最终都转化为整数的乘除法。所以，小数四则运算教学的关键是要连通与整数四则运算的联系。

2. 从教材来看

本单元是学生在学习了整数四则运算、小数的意义、性质以及简单的小数加减法的基础上进行学习的。在人类生产和生活中，诸多问题的解决都离不开小数加减法。它是数的运算中不可缺少的内容，是形成良好的计算能力的重要组成部分。本单元主要教学小数加法和减法。学生在三年级上册已经掌握了整数加减法的竖式计算方法，在三年级下册学习了一位小数的加减法，在本册的第一单元和第三单元又分别学习了整数的四则运算、整数加法的运算定律、减法的性质及其简便运算，第四单元又进一步学习了小数的意义和性质，在此基础上教材编排了本单元内容。这部分内容又是今后学习小数乘除法竖式计算、小数四则混合运算等知识的重要基础。

在对北师大版、人教版和苏教版进行横向对比时，我们会发现很多相似之处，它们都为实际教学提供了很好的抓手。

（1）将学生置于相关的生活情境中，让学生自然地实现由生活到数学的转化。

（2）注重算理的理解，都是将计数单位相同的数上下对齐。

（3）注重新旧知识的联系和知识的迁移。

3. 从学生的自身学习情况来看

学生在以往的学习中已经掌握了整数加减法及一位小数加减法的计算方法，并且已积累了大量关于元、角、分的知识。在本册教科书中学生还掌握了小数的意义和性质，这些都为学生理解小数加减法的算理打下了扎实有效的知识基础。本单元内容与学生日常生活紧密相关，为进一步学习、研究后面的知识打下基础。理解和掌握小数加减法的算理和算法是小学生基本应具备的知识经验，而且是必备的数学知识、技能与方法。教学中会出现小数的位数不同的加减法竖式计算的情况，由于新知与学生已有的认识存在矛盾冲突，受学习负迁移的影响，学生容易出现将小数的末尾对齐等错误，这也是小数加减计算中的难点所在，因此在学习新课时要加强引导。本单元把探讨小数加法的算法作为重点，把整数减小数作为难点，让学生在理解并掌握小数加法的基础上，独立解决小数减法的算法问题；要让学生能够理解算式中小数点一定要对齐是计数单位相同的数值才能相加减的缘故，小数点对齐的本质就是数位对齐；让学生了解小数加减法类似于整数加减法，把小数加减法融合到学生已有的整数加减法的经验中，让学生体会到知识间的融会贯通；把解决问题的过程与学习加减法计算结合起来，更能让学生体会到学习计算的必要性，体会加减计算与生活的密切联系。

【单元学习目标】

（一）单元内容

本单元教学内容在数的运算知识链中起到承上启下的作用（图2-8）。

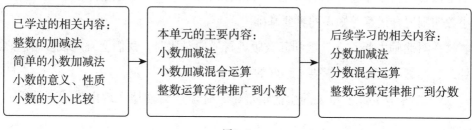

图2-8

本单元内容的编排结构如下（图2-9）：

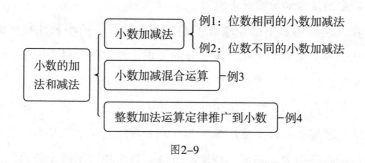

图2-9

小数加减法的计算方法基本相同，计算的重点、难点都集中在对小数点的处理上，计算的结果都要考虑是否要用小数的基本性质使之化简。因此，把小数加减法编排在同一例题中，便于集中研究算理，让学生理解小数点对齐的道理。本单元例1是教学位数相同的小数加减法的竖式计算，先在小数加法中理解"小数点对齐"的问题，再迁移到小数减法。例2则教学位数不同的小数加减法的竖式计算，然后概括出小数加减法的计算方法，为后面的学习活动做铺垫。这样编排，既突出了知识之间的联系，又突出了重点，分散了计算的难度，使学生能以较快速度形成小数加减的良好认知结构。

（二）目标确定

1. 横向梳理教材，把握来龙去脉

《小数的加法和减法》单元离不开小数概念和整数加减法的计算算理。从小数角度看，本单元的源头在小数的初步认识，进而到小数的意义，再到大小比较，最后进入运算阶段，即小数加减法，体现了学生对小数概念认识上的不断丰富。从整数加减法的计算算理来看，相同计数单位相加减是小数加减法的计算基石。

2. 进行横向梳理，凸显核心本质

我对比了北师大版、人教版、苏教版三个版本的教材，发现其编写都大致包括以下三个环节：解决真实问题的引入——抽象竖式算法——提炼算法，弄清算理。

通过以上对三个版本的共性对比，我的思考是：

第一，从计量走向计数，以计数单位支撑计算。

史宁中教授认为：数量关系的本质是多少，数的关系的本质是大小，数是对数量的抽象。数量是现实生活中的事物量，看得见、摸得着，而数却是抽象的存在。因此，用于衡量数量多少的计量单位是具体的，而用于计数的计数单位却更加抽象，因为它隐藏在"位置"里面（位值制）。

第二，借助竖式理解算理，促进学生感悟位值思想。

三个版本的教材都是利用竖式，引导学生把小数点对齐进行加减法，这与整数加减法的计算法则是相通的，也就是计数单位相同的数才能相加减，使学生感悟只有位值相同才能相加减。

第三，从教材单元内容上分析，这个单元共包括4个课时的内容。在这一单元中，小数加减法混合运算都是以小数加减法为基础的，而整数加法运算定律推广到小数，也是以整数加法的运算定律为基础的，而这两部分的内容都是以小数加减法为基础的。由于两个小数的位数相同，学生计算时会迁移整数加减法计算经验把相同数位对齐，也就不自觉地做到了把小数点对齐。而小数的位数不同时，由于新知与学生已有的知识存在矛盾冲突，受学习负迁移的影响，学生则出现将小数的末尾对齐等错误，这也是小数加减法计算中的难点所在。另外，被减数百分位上没有数字，需要在被减数的末尾添0，并且计算过程中又涉及了连续退位减的情况。

（三）学习目标

（1）在具体情境中引导学生自主探索小数加、减法的计算方法，特别是位数不同的小数加减法，理解计算的算理，掌握一般算法，并能正确地进行加、减及混合运算。

（2）使学生经历计算、比较、归纳、推理等活动，理解整数运算定律对于小数同样适用，并会运用运算定律进行一些小数的简便计算，进一步发展学生的数感，增强计算的灵活性。

（3）使学生体会小数加减运算在生活、学习中的广泛应用，进一步体验数学与生活的联系，感受学习数学的意义和价值，增强学习数学的信心。

【单元学习活动】（表2-6）

表2-6

课时	学习目标	学习内容	学习活动
第一课时	1.在具体情境中经历探索位数相同的小数加减法计算方法的过程，理解小数加减法的算理，掌握竖式计算的方法，并能正确计算 2.通过计算、比较等活动使学生经历把整数加减法计算经验迁移到小数加减法计算中的过程，发展运用迁移规律的意识，培养运算能力 3.感受小数加减法在生活中的广泛应用，培养应用意识	位数相同的小数加减法	学生通过整数加减法的计算方法，迁移到小数加减法的计算，通过讨论比较探究小数加减法的算法与算理
第二课时	1.经历探索位数不同的小数加减法计算方法的过程，理解小数加减法的算理，掌握竖式计算的方法，并能正确计算 2.通过自主探索、合作交流等活动，提高合作意识，养成良好的计算习惯，培养运算能力 3.通过解决有关小数的实际问题，体会小数加减法在生活中的广泛应用，感受数学与生活的密切联系	位数不同的小数加减法	学生根据上节课的学习，利用已有的知识经验和负迁移出现的错例，自主探究小数加减法计算的方法，并能正确计算

课时	学习目标	学习内容	学习活动
第三课时	1.能正确进行小数加减混合运算,并能选择合适的算法进行计算 2.能解决简单的小数加减混合运算的实际问题,提高数学思考能力、语言表达能力和运算能力 3.增强数学应用意识,养成良好的计算习惯	小数加减混合运算	学生结合具体情境,体会到小数加减混合运算的运算顺序与整数加减混合运算的运算顺序相同,并能正确选择合适的算法进行小数加减混合运算
第四课时	1.理解整数运算定律对小数同样适用,会运用定律进行简便计算 2.能用运算定律解决相关的实际问题 3.在不同算法的比较中体会运算定律在运算中的简化作用,培养简化意识	整数加法运算定律推广到小数	学生经历"引发猜想—举例验证—抽象建模"的过程,发现加法运算定律对于小数加法仍然适用

【持续性评价】(表2-7)

表2-7

评价目标	评价任务	评价题目	学生核心素养
能否正确地进行小数位数相同的小数加法	课中:关注学生能不能在计算的时候把小数点对齐,能不能正确地进行计算 课后:关注学生作业时竖式的书写格式及计算的正确率	3.64+0.48= 11.65−7.39=	位值制思想运算能力计算习惯
能否正确地进行小数位数不相同的小数加法	课中:关注学生计算的时候是不是把小数的末尾对齐,被减数百分位上没有数字,是否在被减数的末尾添0这两种情况	113.04+7.8= 0.3−0.18= 2−0.58=	位值制思想运算能力计算习惯
能否正确计算小数加减法的混合运算	课中:关注学生运算顺序及计算的正确率	98.2+32.5−13.53=	运算能力计算习惯
能否运用定律进行简便计算	课中:关注学生能否把整数加法的运算定律迁移到小数,能否运用运算定律正确计算	6.7+4.95+3.3= 4.02−3.5+0.98= 5.17−1.8−3.2=	运用迁移规律的意识运算能力(计算的灵活性)

【教师反思】

（一）选择学生熟悉的现实生活素材

教学时既可以教材提供的买书情境为素材，引入小数加减法，也可以选择与日常生活、生产实际联系紧密的素材开展学习活动，如家庭用水、用电、用煤气的数量与价钱，购买有关生活、学习用品的价钱，等等，让学生结合生活情境，自然地实现由生活到数学的转化，使学生初步体验到小数加减计算在生活中的应用，培养应用意识。教师还可以充分利用主题图，让学生在课前到书店或超市调查喜欢的图书或物品的价格，收集和记录相关的数据，为学习小数加减法做好准备。

（二）注重知识间的内在联系，促进学生自主学习

小数加减法和整数加减法之间有着密切的联系。学生通过整数加减法的学习掌握了相同数位上的数才能直接相加减及进退位的规则。因此，教师应对学生的原有认知结构和知识经验进行分析，找到知识的生长点，引导学生将整数加减法知识迁移到小数加减法的学习中，在具体情境中自主探索小数加减法的竖式计算方法。教师可以先让学生独立思考并尝试用整数加减法的计算方法和经验来计算小数加减法，再根据学生的计算情况，引导学生理解为什么要把小数点对齐，激活学生已有的知识和经验，通过讨论交流使学生明确列竖式时应如何对齐数位的道理。

（三）克服负迁移的影响，突破小数计算中的难点

教学例1小数的加减法竖式计算时，受整数加减法的影响，学生就不自觉地做到了把小数点对齐。教学例2时，则出现小数的位数不同的情况，学生则容易出现将小数的末尾对齐等错误，这就是小数加减计算中的难点。因此，教材安排例2和相应的"做一做"加以解决。

以计算8.3-6.45为例，学生计算的难点主要体现在两个方面：一是小数数位不同，学生可能会出现把小数的末尾对齐的情况；二是被减数百分位上没有数字，需要在被减数的末尾添0，并且计算过程中又涉及了连续退位减的情况。因此，教师在教学时不但要让学生说清怎样算，还要引导学生理解为什么这样算。计算时教师可引导学生思考：要从哪一位算起？百分位上要算几减几？学

生在计算中可能会出现各种情况，教师在教学时应有层次地进行引导，让学生说清自己的算法。例如学生计算时，在被减数末尾添0后，教师可进一步追问添0的依据，使学生应用小数的性质来解释为什么这样计算；如果学生出现把小数末尾的数字对齐的情况，则可迁移前面学习的经验，引导学生讨论"为什么要把小数点对齐"，从而从计数单位的角度或借助人民币单位等来理解小数点对齐的道理；还可引导学生举出反例加以说明，体会只有小数点对齐，才会保证相同计数单位的数对齐，从而认识到小数点对齐的必要性，加深对算理的理解，为归纳、总结出小数加减法的一般计算方法奠定基础。

（四）使学生经历不完全归纳推理的过程

由整数加减运算到小数加减运算，相关的整数的运算定律在小数范围内是否适用还需要验证。从教材的纵向联系来看，将整数加法运算定律推广到小数，既使学生对加法的认识从感性上升到理性，也拓展了加法运算定律的使用范围，为后面学习整数加法的运算定律推广到分数打好基础。因此，教师在教学时要说明整数加法与小数加法的联系，让学生充分经历探究规律的过程。通过不完全归纳法来发现整数加法的运算定律对于小数也同样适用，进而体会这一结论的普遍意义，完善对加法运算定律的认知。例4及"做一做"是加法运算定律在小数加法中的应用，教师应鼓励学生在独立思考、自主探索的基础上，进一步体会算法的多样性，要让学生说清为什么这样算，依据是什么，从而加深对加法运算定律的理解和运用，还应引导学生对各种算法的特点进行比较，进一步优化算法，并自觉、合理地应用加法运算定律进行简算，提高学生的运算能力。

附：小数加减法教学设计流程

一、教学目标

1. 在具体情境中，经历探索位数不同的小数加减法计算方法的过程，理解小数加减法的算理，掌握竖式计算的方法，并能正确计算。

2. 通过自主探索、合作交流等活动，培养学生的运算能力。

3. 解决有关小数的实际问题，感受数学与生活的密切联系。

二、教学过程

环节一：激活经验，导入新课

师：前面我们探究了位数相同的小数加减法的计算方法，请大家动手算一

算，想一想：你是怎样算的？在计算时应注意什么？（课件出示习题）（图2-10）

$$4.85+1.95= \qquad 7.85-5.68= \qquad 7.32+2.45= \qquad 5.92-4.39=$$

图2-10

（1）请4名学生上台板演，其余学生在练习本上独立完成。

（2）集体汇报交流。

环节二：创设情境，自主探究

步骤一：观察发现，提出问题

师：上节课我们解决了小丽买书的问题，今天我们再来解决小林买书的问题。看，小林也买了两本书。（课件出示）

师：从图中你知道了哪些数学信息？你能提出哪些数学问题？

学情预设：

预设1：《数学家的故事》的单价是6.45元，《神奇的大自然》的单价是8.3元。

预设2：提出的问题有，小林买《数学家的故事》和《神奇的大自然》一共花了多少钱？《数学家的故事》比《神奇的大自然》少了多少钱？

设计意图：通过先引导学生收集信息，再提出数学问题，使学生经历"从头到尾"思考问题的过程。

步骤二：问题解决

（1）师：我们来解决大家提出的两个问题。

问题1：小林买《数学家的故事》和《神奇的大自然》一共花了多少钱？

问题2：《数学家的故事》比《神奇的大自然》少了多少钱？

（2）学生先独立思考，在自己的练习本上列出算式，并尝试计算，教师再指名板演。

在小组内进行交流，跟同伴说一说自己是怎样想的。

学情预设：学生有了上节课学习的经验，大部分同学能够正确列式解答。

步骤三：集中交流，探究计算方法

（1）探究位数不同的小数加法的算法。

① 小组推选代表到前面来讲一讲自己是怎样解决问题1的。

预设：

预设1：6.45+8.3=7.28（元）

$$
\begin{array}{r}
6.45\\
+\quad 8.3\\
\hline
7.28
\end{array}
$$

预设2：6.45+8.3=14.75（元）

$$
\begin{array}{r}
6.45\\
+8.30\\
\hline
14.75
\end{array}
$$

② 出现小数点没有对齐，而末位对齐的情况，教师组织学生讨论：这样做对吗？为什么？

学情预设：不对，小数点应该对齐，相同数位上的数相加。

③ 学生口述计算过程。（教师根据学生的口述板书问题①的正确答案）

学情预设：8.3的百分位一个单位也没有，可根据小数的性质，在百分位上添"0"再计算。先从百分位加起，5加0得到5个百分之一，在百分位上写5。十分位上4加3得到7个十分之一，在十分位上写7。最后个位上6加8得到14个一。

④ 教师指出：两个加数的小数位数不同时，只要把小数点对齐就可以了。

（2）探究位数不同的小数减法的算法。

① 师：位数不同的小数加法，同学们会做了。那位数不同的小数减法，你们会做吗？小组推选代表到前面来讲一讲自己是怎样解决第②个问题的。

学情预设：学生有可能出现小数点对齐和小数末位对齐两种竖式计算过程。

② 教师引导学生思考：百分位上一个单位也没有，应该如何列竖式计算？

教师指出：当被减数的小数位数比减数的小数位数少时，被减数的末位可用"0"补足。

③ 学生汇报计算过程。（教师板书）

8.3-6.45=1.85（元）

$$
\begin{array}{r}
8.30\\
-6.45\\
\hline
1.85
\end{array}
$$

学情预设：被减数的百分位上没有一个计数单位，就看作0，0减5不够减，从十分位退1当作10，即10-5=5。十分位上退1后还剩2，2减4不够减，再从个位退1，在十分位上加10，即12-4=8。个位上退1后还剩7，7-6=1。

步骤四：归纳概括计算小数加减法的一般方法

（1）结合我们昨天和今天的学习，同学们想一想，列竖式计算小数加减法要注意什么？

学情预设：学生可能会说，列竖式时小数点要对齐，即相同数位要对齐；得数的小数部分末尾有"0"时，要根据小数的性质进行化简；被减数的小数位数比减数的小数位数少时，可以用"0"补足；等等。

（2）在学生充分发言的基础上，教师小结并板书。

方法：①小数点对齐，也就是相同数位对齐。②从低位算起，按整数加减法的计算方法进行计算。得数点上小数点与横线上方的小数点对齐。③得数的小数部分末尾有"0"的，一般要根据小数的性质把"0"去掉。

设计意图：学生自己能做的教师不做，学生自己能说的教师不说。本节课因为学生已经学过了"一位小数加减一位小数"和"两位小数加减两位小数"的小数加减法，所以对于小数位数不同的小数加减法，教师应完全放手让学生根据已有的知识经验自己探索

环节三：巩固练习，提高能力

1. 教科书第73页"做一做"

（1）请6名同学板演。

（2）全班交流订正。

设计意图："做一做"呈现了不同情况的小数加减法练习，意在巩固小数加减法的竖式计算方法，并提高计算的灵活性和准确性。

2. 教科书第74页"练习十七"第5题

（1）学生独立填表。

（2）小组内交流订正，相互监督及时纠错。

3. 教科书第75页"练习十七"第6题

（1）学生当好"森林医生"来"诊病"并改错。

（2）指名汇报，让学生说出每道题的"病因"所在。

（3）引导学生讨论：列竖式计算时该注意什么？

设计意图：本题意在通过生动有趣的练习形式，有针对性地解决学生计算中的易错之处，使学生在判断改错的过程中，内化对算理的理解和对算法的掌握，养成认真计算的好习惯。

4. 教科书第75页"练习十七"第7题

（1）引导学生先想想不同计量单位之间的进率分别是多少，将复名数改写成小数再计算。

（2）集体交流时，让学生说说是怎样计算的，为什么这样计算，从而体会到改写复名数的必要性。

学情预设：这里改写是计算的易错点，可结合错例，引导学生反思错误原因，提高计算的准确性。例如3km50m的改写，学生可能会出现3km50m=3.5km的错误，教师要引导学生发现因为1km=1000m，所以3km50m=3.05km。

设计意图：本题结合人民币、质量单位和长度单位等进行小数加减法的计算。借助计量单位的进率关系，将复名数改写成小数的形式，运用转化的思想解决问题。

5. 教科书第75页"练习十七"第9题

（1）学生通过统计表，说说从表中获得了哪些数学信息，然后审清题意，独立解答。

（2）全班交流，让学生说说计算这组数据该注意什么，有什么体会，从而渗透爱国主义教育。

设计意图：此类应用小数计算解决实际问题的练习，既能让学生感受解题策略的多样性与灵活性，又能培养学生综合应用所学知识解决实际问题的能力。

活动四：课堂小结，畅谈收获

师：通过这节课的学习，你有什么收获？

【板书设计】

小数加减法（2）

6.45+8.3=14.75（元）   8.3-6.45=1.85（元）

```
    6.45                      8.30
  + 8.30                    - 6.45
  ------                    ------
   14.75                      1.85
```

第三章

典型案例设计

《数学广角——搭配》实验案例设计

【教学目标】

1. 让学生通过观察、猜测、实验等活动，找出最简单的排列数和组合数。

2. 初步培养学生能够有顺序地、全面地思考问题的意识。

3. 培养学生大胆猜想、积极思维的学习品质；进一步激发学生学习数学的兴趣，培养学生的合作交流意识。

【教学重、难点】

教学重点：了解简单的排列组合知识，能应用排列组合的知识解决实际生活中的问题。

教学难点：初步理解简单事物排列与组合的不同。培养学生有序地、全面地思考问题的意识。

【教学策略】

采取教材重组、设置问题、学生探究思考的教学方法，引导探究，师生交流，感悟方法，利用方法。

【教学理念】

本着"灵活的教材观，开放的教学观，建构主义的学习观"理念，把排列组合的数学思想方法通过学生日常生活中最简单的事例体现出来。

【教学模式】

问题模型（根据学生年龄特点优化教材设计问题）——构建模型（探究中感悟数学思想方法总结规律）——解释应用模型（利用规律解决问题感受数学思想方法的奇妙与作用）——迁移应用模型（将数学思想方法应用到其他数学领域）。

第一学段教学要求以"操作实践"为主题。探索简单情境下的变化规律，培养学生"模式化"思想，并能简单表达"模式"的特点。教学"核心"是培养学生发现规律、学会推理的意识。

【教学手段】

利用展台反馈学生作品。

【教具准备】

若干磁性数字卡片（1、2、3）。

【学具准备】

一张画有8个小旗的练习纸，一张有8个小方框的练习纸。

【教学过程】

（一）创设情境，感悟排列

（1）小朋友们，今天老师带你们去一个非常有趣的地方玩一玩，去体验一下里面的许多数学知识。你们想去吗？（出示：数学广角）那你们打算怎样表现呢？

（2）破译密码：咦？（出示：密码门）数学广角被一道密码门锁住了，这该怎么办呀？（出示：密码提示）这道门的密码是由b和c这两个字母摆成的两位数，有几种可能？（渗透排列方法、有序全面）

教师强调2个不同字母搭配有几种可能性，让学生体验两种不同的交换方式。

出示课题：搭配

设计意图：引导学生根据自己的实际情况选择不同的方法探究新知，体现了不同的学生用不同的方式学习数学这一新的教学理念，易于吸引不同层次的学生积极主动地参与到活动中来。

（二）新课探究，理解排列

1.课件出示学生参加比赛场景，并提出问题

问题一：要制作号码布，用1、2、3组成两位号码，不能有重复数字。

师：你能明白要求吗？说说你的想法，怎样能不重复？你能帮老师写这个号码布吗？在作业纸上写出来。

作业纸：

设计意图：以学生为主体，鼓励学生大胆猜测、验证，留有充分的时间去尝试、讨论、研究，促使学生全员参与，让他们充分展示其思维过程，自己发现并学会新知识，亲历"做数学"的过程。

2.交流反馈

这些同学为什么写得那么快？我们来看看。

展示学生作业，放手让学生检查，查找问题。在这个过程中教师要引导学生思考：怎样知道自己是否写出了所有的号码？在看其他同学作业时，你看明白了吗？他是怎么排的？（引导按顺序思考）观察其他同学的排列有什么特点？引导学生及时评价每一种方法的优缺点，使其把适合自己的方法掌握起来，总结规律。

设计意图：在交流反馈时，教师要给足学生时间，让他们自主地选择、比较、辨析等，学会有序思考，提高思考能力。

（三）内化新知，实践操作

课件出示（图3-1）：

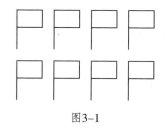

图3-1

要求：有红、黄、蓝三种颜色，任选其中两种给小旗涂色，你能找到所有的涂色方案吗？

（1）先说说你的想法。

（2）用自己喜欢的方法，找到所有涂色方案。

（3）作业反馈。

（4）总结。（涂色时要有序地思考，既不重复也避免漏掉）

设计意图：拓展练习的设计使学生进一步体会到了有序排列的简洁与快捷性。

（四）拓展新知，升华新知

从红、黄、蓝、绿四种颜色中任选两种给小旗涂色，一共有几种方案？

板书设计：

搭　配

怎样做到不重复不遗漏呢

12 21	12 13
13 31	21 23
23 32	31 32

【先确定一个两位数】　【先确定一个数】

【再交换两个数的位置】　【再依次写出所有与它搭配的数】

数字排列时要有序地思考　不重复　避免漏掉

【教学特点】

上课开始，通过如何打开密码门（问题模型）调动学生自主学习的积极性，感知排列组合的有序思想，由2个数字到3个数字，让学生通过"合作探究—发现交流—总结方法"（构建模型），参与学习过程，不断发现问题，在探究中感悟数学思想方法总结规律。在给小旗涂色的过程中，学生利用规律解决问题，感受数学思想方法的奇妙与作用。

【教学反思】

创设情境，生活取材： 我在尊重知识点的基础上，对教材进行了重组和加工，设置制作号码布的活动，组织学生参与多层次的活动，在具体的活动情境中把排列与组合的方法渗透进去，让学生在大量的体验中感知何为排列组合。

根据学情不同分层教学。考虑到学生接受能力的差异性，我在教学设计的每一个环节都进行分层，这样可以使每一个学生在这节课都有所发展。

不足： 这节课注重了搭配的有序性，而对搭配的合理性诠释得还不够合理。比如，带"0"的三个数字如何排列，把它考虑进去是否更好呢？再比如，课堂上动态生成的资源如何及时捕捉利用的问题等。我想在以后的教学中我会且思且行，继续努力。

《分数的意义》教学设计

【教学目标】

1. 在操作、探究活动中，逐步理解一个整体，建立单位"1"的概念，理解分数的意义。

2. 在学习过程中，培养学生的思维能力和应用意识。

3. 体会数学与生活的密切联系，进一步增强学好数学的信心。

【教学重、难点】

教学重点：理解单位"1"和分数的意义。

教学难点：理解单位"1"和分数的意义。

【教学准备】

教具准备：自制教学课件。

学具准备：小棒、练习纸。

【教学过程】

（一）谈话导入

（1）通过师生之间的谈话引出分数。

（2）关于分数，你已经知道了什么？

（3）提出要求。

师：从刚才的表现可以看出同学们都很棒。待会儿合作时，先听清楚老师的要求再动口说一说、动手做一做，可以吗？

（二）分数的产生

板书课题：

师：课前我们一起聊到了分数，今天这节课我们继续来认识分数。

师：你知道古人是怎样表示分数的吗？让我们一起来看一看。

（三）理解分数的意义

1. 理解一个整体

（1）找出各种材料的1/4。

师：今天老师带来了一些材料，你能分别找到它们的1/4吗？

师：那就请同学们开动脑筋，分一分、涂一涂，找出它们的1/4。然后同桌之间说一说，你是如何找到它们的1/4的。听明白了吗？

（2）汇报交流。

教师进行规范。

突出整体：

师：这里的1/4是如何得到的呢？（学生回答）

师：这是他的想法，还有不同想法吗？

生：把4个苹果看作一个整体，平均分成4份，这样的一份就是这个整体的1/4。

师：说得不错。只要把这4个苹果看作一个整体，平均分成4份，这样的一份就是这个整体的1/4。

进行知识迁移：

生：我是把8个三角形看作一个整体，平均分成4份，这样的一份就是这个整体的1/4。

（3）小结。

提问：刚才我们在不同的材料里找到了1/4，找的过程中有什么相同的或不同的地方？

不同点：材料不同。

跟进：但我们都把这些材料看成了一个整体。这个整体可以是一个物体，也可以是多个物体。

相同点：都是把这个整体平均分成4份，表示了这样的一份，得到了这个整体的1/4。

2. 理解单位"1"

（1）深化理解一个整体。

学生自主创作：

师：现在，老师为同学们准备了一些小棒。同桌合作，任选一些小棒，分一分、找一找他们的1/4。开始吧。

交流汇报：

师：你用几根小棒表示1/4？你把几根小棒看作一个整体？你能说说这个1/4的含义吗？（多说几个）

师：一根可以用1/4表示、两根也可以用1/4表示、三根、四根都可以用1/4表示。也就是说把什么平均分成4份，每份就可以用1/4来表示呢？——一个整体。

生：4根小棒、8根小棒。

师：4根小棒、8根小棒都可以看作一个整体。

（2）揭示单位"1"。

师：说得真好。在数学中，通常把一个整体叫作单位"1"。把单位"1"平均分成4份，这样的一份可以用1/4来表示。（板书单位1）

师：刚才我们通过动手画一画、分一分等方法，深入理解了1/4的含义。下面我们一起做一个猜数游戏，准备好了吗？

师：如果1个菠萝用1/3表示，他是把什么看作单位1呢？——果然如此。

师：如果2个橘子用1/5来表示，它的单位1又是多少呢？你是怎样想的？

师：同学们真是了不起！已经能很快地找到单位1了。

3. 理解分子、分母的含义

（1）找其他分数。

师：刚才我们把4个苹果、8个三角形分别看作单位1，平均分成4份，找到了1/4。现在请你继续观察，还能发现其他的分数吗？

那就请同学们动手涂一涂，用阴影表示出这个分数，并把这个分数写在下方，再和你的同桌说一说这个分数的含义。

（2）汇报交流。

师：谁愿意和大家交流一下你所找到的分数？

生：把4个苹果看作单位1，平均分成4份，这样的2份就是2/4。

（3）比较。

师：在刚才同学们动手涂一涂、写一写的时候，老师发现，有些同学找到了这几个分数。（课件使用说明：点击课件呈现）

师：观察这些分数，你发现了什么？

生：分母都是4。

师：为什么分母都是4呢？

生：因为都是平均分成了4份

师：把什么平均分成4份？——单位"1"。

师：要是单位"1"平均分成5份，分母是几呢？——5。平均分成6份——分母就是——6。

师：分母其实就是表示——平均分成的份数。

师：同学们的观察力可不一般啊。还有什么发现吗？

生：分子各不相同，都差1。

师：分母为什么会不一样呢？

生：取的份数不同。

师：平均分成4份，取这样的一份就是1，两份就是2，三份就是3。

师：分子其实就是表示——取的份数。

师：同学们不仅观察能力强，分析、概括能力也很出色。

4. 揭示分数的意义

（1）逐步理解分数的意义。

师：我们通过动手分一分、涂一涂等方法认识了很多分数。现在老师再写一个分数5/9，你能说说它的含义吗？

生：把单位"1"平均分成9份，这样的5份，就是单位1的5/9。

师：已经会用单位1来说了，真好。谁还愿意来试一试呢？

生：把单位"1"平均分成9份，这样的5份，就是单位1的5/9。

师：如果不是平均分成9份，板书5/（   ），那么它的含义是什么呢？

生：把单位"1"平均分成很多份，取这样的5份，就是5/（   ）。

师：很多份可以是几份？——2份，3份……

师：我们可以用一个词来表示。（板书：若干份）

师：如果取的份数也不是5份了，板书（　　　）/（　　　），那么这个分数的含义是什么呢？

生：把单位"1"平均分成若干份，取这样的若干份，就是（　　　）/（　　　）。

师：可以取这样的一份，也可以取这样的……几份。

小结：像同学们所理解的，把单位"1"平均分成若干份，这样的一份或几份都可以用分数来表示。（板书）这就是我们今天所学的分数的意义。我们一起来读一读。

（2）理解分数单位。

师：分数和整数一样，也有计数单位。像这样表示其中一份的数我们叫作分数单位。1/4，2/4，3/4，4/4的分数单位就是——1/4。

师：5/9的分数单位？

生：1/9。

师：5/99。

生：1/99。

师：（　　　）/1000。

生：1/1000。

师：老师都还没说分子呢，你怎么就知道分数单位了？

生：分数单位就是表示一份的数。

师：也就是说一个分数的分母是几，这个分数的分数单位就是——几分之一。

师：那3/4里有几个这样的分数单位呢？5/9里有几个这样的分数单位呢？

5. 总结

师：今天这节课，我们一起合作学习了什么？

（四）练习巩固

师：看来同学们的收获还真不少。请同学们在括号里填上适当的分数。

1. 填一填

（1）说说3/5的意义。

（2）3/8的分数单位是多少？有几个这样的分数单位。

2. 点击生活

哪位同学愿意来读一读，并说说其中分数的意义。

（1）我校五年级学生约占全校学生的1/6。

（2）长江约3/5的水体受到不同程度的污染。

师：还有几分之几的水体没受污染呢？

师：受污染水体多还是没受污染的水体多？——大家怎么想的？

师：有什么想说的？

生：要保护环境。

师：看来同学们很有环保意识。那你希望长江受污染的水体占长江水体的几分之几呢？

师：大家都有美好的希望，那就让我们拿出实际行动，共同来保护环境。

（3）姚明的头部高度约占他身高的1/8。

师：我们的身体中还蕴藏着很多分数，有兴趣的同学课后可以去查一查资料。

（五）总结全课、质疑问难

师：这节课我们学习了什么？你有什么收获？还有什么问题？

（六）教学反思

《小学数学新课程标准》指出：数学教学活动必须建立在学生的认知发展水平和已有的知识经验基础之上。我在课前通过与学生的谈话引出分数后，短短的一句"关于分数，你已经知道了什么"唤起学生已有的知识经验，找到了新知与旧知的链接点，接着又借助媒体教学手段向学生介绍分数的由来，适时渗透了数学文化思想，使学生的思维"起跑"。

作为学生学习的组织者、引导者与合作者，我力求引在核心处，拨在关键处，让学生自主探究、补充概括，借助于课堂这个思维"运动场"，不着痕迹地引导学生理解分数的真正含义。我从引导学生"起跑"到"加速"，最后"冲刺"，水到渠成，促使每个学生获得成功的体验。

帮助学生复习了有关分数的旧知后，我出示了4张图，组织学生分别找出它们的1/4。我让学生通过独立思考、操作，在领会其实际意义的过程中，逐步理解了一个物体、一些物体都可以看作一个整体，从而切入本课的重点，巧妙地利用对1/4的理解，连接了旧课与新课。

我让学生利用一些小棒拿一拿、猜一猜，深化理解了一个整体，从而为单位"1"的揭示作了知识上的铺垫。揭示单位"1"后，我又安排了一个猜数游戏，使学生加深了对单位"1"的理解。接下来，我再次利用4个苹果和8个三角形，让学生自主找其他分数，通过对1/4、2/4、3/4、4/4的比较得出分子与分母的含义，从而为接下来分数意义的揭示打下了基础。最后，我通过对5/9、5/（　　　）、（　　　）/（　　　）含义的叙述逐步概括出分数的意义。

建构主义教学论认为：学生的知识建构不是教师传授与输出的结果，而是通过亲身经历，通过与学习环境间的交互作用来实现的。分数的意义是个比较抽象的概念。所以我在新授过程中，以初步理解一个整体—深化理解一个整体—理解单位"1"—理解分数的意义为主线，通过学生对不同材料的操作、在交流和表达中建立分数的感念，使学生的思维开始"加速"。

最后，我通过对本节课学习的总结，进行有效的练习，使学生的知识技能得以落实；通过信息技术让学生在课后也参与到学习中去，把课堂延伸到课外，激发学生主动学习的兴趣，从而了解更多有关分数的知识，使学生的思维开始"冲刺"。

《百分数的认识》教学设计

【教学目标】

1. 结合生活实际认识百分数，会正确地读、写百分数。

2. 调动学生已有的生活经验，联系生活实际，在感知并认识百分数的基础上理解百分数的意义。

3. 从意义及表现形式上对分数及百分数进行区分，结合实例让学生辨析，使学生真正理解百分数的本质。

4. 感受百分数在生活实际中的应用价值，增强学好数学的信心。

【教学重、难点】

教学重点：百分数的意义，百分数与分数之间的联系与区别，百分数的优越性。

教学难点：分数及百分数的联系和区别，对分子超过100的百分数的理解。

【教学过程】

（一）回顾与唤醒

（1）同学们，今天我们要学习的内容是百分数。昨天老师让同学们收集了一些百分数，那么，现在我们来交流一下，你在哪里收集了百分数，是哪个百分数？（分享完后，老师小结：百分数在我们的生活中到处可见，应用广泛。）

（2）关于百分数，你已经知道了什么？（根据学生的汇报，完成百分数的读、写教学。读百分数时，教师出示三个百分数，让学生读；写百分数时，教师先找几名学生写，然后示范写。）

（3）关于百分数，你还想知道什么？（学生发问，教师归纳：百分数的意义、作用，百分数与分数的联系与区别。）

（二）研究与建构

1. 百分数的意义

（1）那什么叫作百分数呢？百分数的意义是什么呢？直接说它的意义有点空洞，我们结合具体的实例来说。

（2）根据前面的三个例子，让学生具体说一说百分数表示的含义。学生边说，教师边展示。三个例子说完后，教师提问：仔细观察，这些百分数都有哪些共同点？最后总结百分数的意义。

（3）结合25%说一说，患近视的同学人数一定是25吗？为什么？学生发表意见。

教师小结：百分数只表示两个量之间的关系，不表示具体的量。

2. 初步理解分子大于100的百分数

（1）教师出示两个百分数：71%、100%，然后出示两道题，让学生选择填空。

学校合唱队中，男生人数是女生人数的（　　　　）。

追问：这里又可以填哪个百分数？填71%说明了什么？填100%又可以说明什么？还有其他想法吗？

辨析百分数与分数的联系与区别。

（2）再次理解分子大于100的百分数，体会百分数的作用。

① 超市批发了一批酒，酒精含量占酒的120%，对还是错？

教师引导学生根据百分数的意义理解：把一瓶酒平均分成100份，酒精占了120份，可能吗？由此得出这句话是错误的。

② 师：老师在网上收集了一些白酒中酒精的含量，分别是4%、75%、45%、38%，那请同学们想一想，白酒中的酒精含量，我们能不能用分数来表示？观察四个百分数，再看看四个分数，你现在明白了没有，为什么我们的酒瓶上都是用百分数而不是分数来表示酒精的含量的？正因为百分数比分数更有利于大小比较，所以，在衣服、酒瓶、饮料的成分表中，我们通常都会选择用

百分数来表示成分的占比。这就是百分数的优点，也是它的作用之所在。

（3）理解分数与百分数的联系与区别。

做一个蝴蝶结，大约需要25%米长的彩带。

师：你们觉得对还是错？（预设：如果学生说对，指名说理由，如果不对，教师引导学生：百分数表示两个数之间的关系，不表示具体的量，再让学生看看自己收集的百分数，有哪一个百分数后面带了单位。最后归纳：百分数只表示两个数之间的关系，而分数不仅表示两个数之间的关系，还可以表示具体的量。）

（三）回顾与反思

（1）回顾我们今天的学习内容，你知道了什么？

（2）老师送大家一句话：天才就是1%的天分加99%的汗水。这句话说明了什么？其实大家不知道，这句话还有后半句：但是那1%的天分是最重要的，甚至比那99%的汗水都重要。这又说明了什么？其实，每个人都拥有那1%的天分，关键是我们要努力发现它，并通过99%的努力，让自己早日成才。

百分数说课内容：

这节课，我想的最多的是"教什么"和"怎么教"的问题。很多教学设计中都把百分数的意义和百分数读法、写法作为教学的重点，把百分数与分数之间的联系与区别作为教学的难点，但是百分数的读写对于六年级的学生来说一看就能明白，所以我想就不用花时间去讲解。课前我也看了一些资料，发现学生对于分子小于100的百分数理解起来比较容易，但对于分子大于100的百分数不知道如何运用，所以，对于分子大于100的百分数的理解变成了我这节课的难点。另外，我考虑的是材料的整合，由于百分数与生活息息相关，我们很容易找到生活中的各种材料，但是，我想的是：如何用简单的材料上出富有思考的课？所选的材料与目标要有针对性，并在教学的过程中充分挖掘每个材料深藏的价值以及它们之间的关联，从而让学生真正把握数学的本质。

《平行四边形面积的计算》教学设计

【教学内容】

人教版数学五年级上册86～89页内容。

【教学目标】

1. 学生通过动手实践，参与合作学习，建立起平行四边形和长方形的联系，探索并掌握平行四边形面积的计算方法，概括出面积计算公式，并能应用公式正确计算平行四边形的面积。

2. 引导学生经历观察、比较、分析、概括等数学学习活动过程，在迁移学习中，体会"等积变形"的转化方法，培养空间观念，发展初步的推理能力。

3. 培养学生学习数学的兴趣及积极参与、团结协作的精神。

【教学重、难点】

教学重点：探究平行四边形的面积公式。

教学难点：通过具体操作，发现转化后的长方形与原平行四边形之间的关系，理解和掌握用割补法推导平行四边形面积公式的过程，进而理解转化的数学思想方法。

【学具准备】

各种形状的平行四边形纸片、剪刀、三角板。

【教学过程】

活动一：创设情境，生成问题，感悟"转化"的数学思想

1. 课前谈话

课件出示图片，引出问题，曹冲是用什么办法称出了大象的重量？

师：曹冲通过转化的方式解决了称大象重量的问题，这是生活中的转化，在数学中也有转化。

设计意图：通过师生谈话，一是拉近师生距离，二是渗透转化思想，三是由生活中的转化现象引出数学中的转化思想。

2. 感悟转化的数学思想

课件出示不规则图形（图3-2）：

图3-2

请同学议一议怎么求这个不规则图形的面积。

3. 交流汇报讨论结果

根据讨论结果小结：转化后图形的形状变了，面积没变，通过转化计算面积比较简单。（板书：转化）

设计意图：结合学生原有认知水平，创设问题情境，把生活问题转化为数学问题，让学生感受到知识来源于生活，从而产生学习数学的需要。

活动二：探究平行四边形的面积公式

1. 体验、探求方法

出示平行四边形图形，引发问题。

（1）探究方法。

①数方格。

你发现了什么？（有局限性，麻烦）

②转化的方法。

问题：这样一个平行四边形，它的面积怎么算呢？请同学们拿出平行四边形纸片，可以独立思考，也可以4人小组合作，交流探讨一下。

③小组同学交流探讨。

④小组同学在展台展示交流结果。

用多种方法交流探讨平行四边形面积的计算。

归纳小结：形状变了，面积不变。

师明确：为何要转化成长方形？为何要沿高剪开？转化成长方形就行了？那怎么算？

师：如果是求一个平行四边形草坪的面积也要去剪吗？看来这个方法不能到此为止，我们来进一步探究转化后的长方形与原平行四边形之间存在什么关系。（推导出求平行四边形面积的计算公式）

（2）找关系、导公式。

师：转化后的长方形与原平行四边形有什么关系？（带着问题再次看转化过程）

①教师通过电脑再次呈现转化过程。

②各小组交流情况并说明理由。

得出：转化后长方形的面积=原平行四边形的面积，长方形的长是原平行四边形的底，长方形的宽是原平行四边形的高。所以平行四边形的面积=底×高。（板书）

小结：刚才我们用多种方法验证任何一个平行四边形通过剪、平移、拼，都能转化成长方形，长方形的长相当于原平行四边形的底，长方形的宽相当于原平行四边形的高，转化后形状变了面积不变，剪拼的方法不同，高的位置不同，但结果都是一样的。

（3）用字母公式表示平行四边形的面积：$s=ah$。

设计意图：公式的推导，建构了学生头脑中新的数学模型：转化图形（依据特征）——建立联系——推导公式。教师完全把学生置于学习的主体地位，把学习数学知识彻底转化为数学活动，培养了学生观察、分析、概括的能力，渗透了转化的数学思想。通过小组合作探究，学生经历操作、观察、讨论、分析、归纳等活动，抽象出平行四边形面积公式，从而获得探索问题成功的体验，培养了团队协作精神。

活动三：应用新知解决问题

（1）口答下列平行四边形的面积。（图3-3）

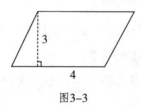

图3-3

设计意图：通过以上基本练习，使学生明白要求平行四边形的面积必须具备底和高。

（2）你会算吗？（图3-4）

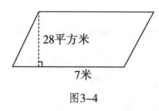

图3-4

设计意图：此题是递用公式的计算，重在培养学生灵活运用公式的解题能力。

（3）议一议、判一判，然后算一算下图的面积，看哪组同学最能干。（图3-5、图3-6）

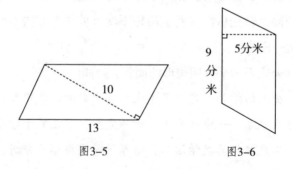

图3-5   图3-6

设计意图：这一层次练习的重点是要让学生明白要正确求出平行四边形的面积，所用的底和高必须是对应的。

活动四：总结

今天主要研究了什么？是怎么做的？

板书设计：

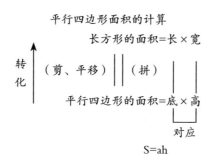

《圆的认识》教学设计

【教学内容】

人教版义务教科书小学数学第十一册第五单元第57～58页。

【教学目标】

1. 运用圆规熟练画圆，在画圆的过程中感受圆的特征，理解并掌握圆的圆心、半径和直径的意义。

2. 在自主猜想、探索的过程中，培养学生的数学推理能力，提高学生合作学习的能力，积累认识图形的学习经验，增强初步的空间观念，发展数学思考。

3. 在感受圆规画圆的方便、准确与神奇的同时，让学生创新使用圆规创造数学独特的美。

【教学重、难点】

教学重点：圆的各部分名称和特征，用圆规正确地画圆。

教学难点：归纳并理解半径和直径的关系。

【教学准备】

多媒体课件、学具（圆规、尺子、剪刀、绳、钉子、各种物体表面有圆形的实物等）。

【教学过程】

活动一：画圆引入，形成圆的概念

1. 提出问题

问题一：能利用圆规在练习本上自由画一些大小不等的圆吗？

问题二：观察、对比一下我们画的圆和以前认识的图形，最大的区别在哪？（电脑显示长方形、正方形、三角形等平面图形）

2. 列举生活实例

教师：在生活中，圆形的物体随处可见。

展示教材图片：从奇妙的自然界到文明的人类社会，从手工艺品到各种建筑……到处都可以看到大大小小的圆。

教师：你能说说自己所见过的圆吗？（学生列举回答）

设计意图：通过画圆及与以前学过的平面图形比较，进一步明确圆是由曲线图形围成的；通过主题图欣赏生活中的圆，让学生找找自己生活中见过的圆，使学生对圆有了初步的了解，激发了进一步学习圆的兴趣并且可以描述圆的定义。

活动二：抓住不变，引出圆心和半径

问题：如何利用圆规在黑板上画一个圆？

通过画圆明确：

认识圆心，圆心决定了圆的位置，用字母"O"来表示。

认识半径，圆规两脚之间的距离就是圆的半径，用字母"r"表示。决定了圆的大小。

通过画半径，理解圆内、圆上、圆外。

进一步理解：圆的半径是连接圆心和圆上任意一点的线段。

设计意图：通过引出圆心的概念，继而重点来研究半径是条什么样的线段，为下一环节探究半径的特征提供了有力的生长点。

活动三：**猜想验证，引出半径特征**

问题一：半径概念里的"任意一点"是什么意思？

问题二：请大家利用手中的圆，大胆猜测一下。

（出示：在同一个圆里可以画_____条半径，它们的长度_____。）

学生讨论形成猜测共识：在同一个圆里可以画无数条半径，它们的长度都相等。

问题三：有办法证明自己的猜想吗？

反馈：在圆上通过画一画、量一量，用圆片折一折、比一比，……

生1：因为圆上有无数个点，所以半径就有无数条！

生2：我刚才量了四条半径，发现它们的长度都一样，所以我推理所有的半径都相等！

生3：我折了6次，发现半径都是重合的，所以它们的长度一定是相等的。

生4：我是看着圆规想的，既然画圆时两脚之间的距离始终没变，而这距离就是圆的半径，所以半径都相等。

问题四：半径真的都相等吗？我的这个圆和你们的圆的半径相等吗？（指着黑板上的圆）

强调：同圆或等圆内半径相等。

设计意图：由"任意一点"引发学生猜想，通过用"量一量、折一折"等实践活动加以多元证明，培养学生的数学思考和动手实践能力。

活动四：探究直径概念及特征

问题：关于圆的各部分名称，除了圆心和半径，还有什么？

请同学们画一画，想一想，说一说。

得出：通过圆心并且两端都在圆上的线段就是圆的直径。

同圆或等圆内，直径是半径的2倍，$d=2r$ 或 $r=\frac{1}{2}d$。

同圆或等圆内，直径有无数条，并且都相等。

圆的对称轴是直径，有无数条对称轴，因为圆有无数直径。

设计意图：学生在画一画、折一折、量一量等一系列活动中，通过动手操作、观察比较、主动探索，明确直径和半径的关系，提升了探究能力和归纳能力，也经历了知识形成的过程，体验了成功的喜悦，增强了学习的信心。

活动五：学以致用，升华新知

练习1：画一个直径4厘米的圆。

（预设：有可能个别学生将直径4厘米当成半径来画）

通过练习反馈，进一步明确：用圆规画圆时，两脚间的距离是半径，它直接决定着圆的大小。

练习2：在边长6厘米的正方形里画一个最大的圆。

活动六：拓展与应用

1. 解释生活现象

通过同学们的探索、思考，我们已经认识了圆，会画圆，知道了圆的特征，等等。其实圆还蕴藏着许多的奥秘。请大家思考：

（1）餐桌为什么做成圆形？

（2）为什么这些都称为圆桌会议？（图3-7）

图3-7

设计意图：设计这个环节是希望通过解释生活中的一些有关圆的现象，加深学生对圆的认识，如：餐桌做成圆形是因为圆周上每个点到中心的距离相同，这意味着每个人夹菜距离相同，对就餐的每个人都是公平的；圆桌会议更是体现公平的理念；这也是对圆的本质属性更高层次的体验。

2. 课后思考

（1）篮球场中间的圆怎么画？

（2）如果要把圆画得更大一些，怎么办？

设计意图：希望通过对"篮球场中间的圆怎么画"的思考，让学生从"纸上谈兵"转为实际运用，试着探索解决现实生活中的数学问题的最佳方法；而关于"怎样把圆画得更大"这一问题，学生应该很自然地想到加长绳子，这是对"圆的大小与其半径有关"的最好运用。

《分数的初步认识》教学设计

【教学内容】

人教版义务教育教科书小学三年级数学上册第90、91页的例1、例2。

【教学目标】

1. 在具体情境中初步认识几分之一，体会分数产生的必要性，理解几分之一的含义。认识分数各部分的名称及意义，并能正确读写几分之一这样的简单分数。

2. 结合观察、交流、比较等数学活动，学会表达自己数学思考的结果，获得积极的情感体验。

3. 感悟数学来自生活的需要，进一步产生对数学的好奇心和兴趣。

【教学重、难点】

教学重点：经历分数的形成过程，初步体会分数几分之一的含义，建立分数的初步概念。

教学难点：建构起几分之一的表象，理解分数的含义。

【教学准备】

多媒体课件、圆形纸。

【教学过程】

（一）创设情境，导入新课

任务一：说一说拿出了几个饼

教师拿出●●。

学生说两个。

（板书：两个）

教师拿出●。

学生说一个。

（板书：一个）

教师拿出半个●。

学生说半个。

（板书：半个）

教师拿出1/3个●。

学生说小半个！

（板书：小半个）

设计意图：这个环节是在常识层面进行的，没有任何障碍，都是学生已有的经验，是我们数学学习的基础。在数数中，理解分数的产生，渗透数量与分率的联系与区别。

任务二：用数字来表示饼的个数

两个●●：用2表示。

一个●：用1表示。

问：半个●用什么表示？

生：0.5。

追问：小半个●用什么表示？

生：用0.4、0.3，遇到表示的困难了。

设计意图：从学生最熟悉的生活情境导入，用数学语言来表示半个、小半个、小小半个的时候，就遇到难题了，在以上表示的过程中，呈现了分数产生的必要性，即整数无法表示时开始讨论分数。

师：用我们以前学的数能表示吗？

生：不能。

师：那么，用一个什么样的数来表示呢？这就是我们今天要认识的一个新朋友——分数。

揭示课题。

设计意图：创设学生所熟悉并感兴趣的现实情境，激发学生的兴趣，让学生以饱满的热情投入到探究之中。

（二）表述过程，建构新知

任务一：半个、小半个分别用哪个数来表示

问题：以饼为例，半个是怎么得到的？

结论：把一个饼平均分成两块，每块是半个。（图3-8）

图3-8

任务二：用数学的方法来记录半个是怎么得到的

文字记录：把一个饼平均分成两块，每块是半个。

数学记录：每块→表示为"1"。

平均分→表示为"—"。

两块→表示为"2"。

合起来为1/2，读作"二分之一"。

教师边示范边解读："—"表示平均分，叫分数线；"2"表示把一个苹果平均分成2份，表示总份数，叫分母；"1"表示任取其中的1份，叫分子。这个数读作：二分之一。

讨论：喜欢文字记录，还是数学记录？

结论：喜欢数学记录，因为文字记录要写17个字，数学记录只要3个符号。

设计意图：在学生表述半个得到的过程中，自然引出分数，使学生深刻理解分数的意义，在比较中体会分数的便捷与实用。

任务三：在数学中，小半个会表示成一个怎样的数

讨论：解决这个问题的关键是要知道小半个是怎么来的。

生：把一个饼平均分成三块，一块是小半块。

问题：谁能用数学方法来记录小半块怎么来的？

生：每块→表示为"1"。

平均分→表示为"—"。

三块→表示为"3"。

合起来为1/3，读作"三分之一"。

设计意图：在用数学语言表述小半个的过程中，加深学生对分数各部分的来历及意义的理解。

（三）动手操作，创造分数

（1）从小组组长那儿领取不同的图形，试着折出它的几分之一，并小组交流。

（2）小组交流讨论：自己拿的是什么图形？是怎样得到这个图形的几分之一的？

（3）汇报成果。

（4）你知道了什么？发现了什么？

（对于与众不同的折法，教师要给予鼓励）

同学们发现了这么多分数，都是把一个物体平均分成若干份，任取其中的1份，就是几分之一。

设计意图：充分调动学生学习的积极性，给学生提供从事数学活动的机会，激发创新动力，在动手实践（动手操作是学生必须具备的数学能力）这个环节设计"折一折"，就是让学生进一步理解分数的意义，为后面让学生动手操作发现新的分数作了铺垫。

（四）巩固练习，拓展深化

1. 教材第93页"做一做"

（1）填一填。

（2）组内交流，你是怎样想的？

2. 观察教材第94页，思考

（1）让学生仔细观察思考：涂色部分的表示方法对吗？为什么？

（2）你在操作过程中想到了什么？

设计意图：既引导学生有条理地思考和表达，培养学生的逻辑思维能力，又引导学生通过小组合作参与数学学习活动，共同分享学习成果。

3. 拓展与延伸

我们今天认识了这么多的分数，其实，只要你留心，生活中处处有分数。把你知道的告诉大家好吗？

设计意图：多层次的练习，帮助学生巩固新知，活跃思维。开放题"找身边的分数"，调动了学生学习的积极性和主动性，再次激起思维高潮，让学生获得愉悦的情感体验。

（五）总结反思，评价体验

问题：用分数来表示饼的大小的关键是什么？有什么窍门吗？

结论：关键在于知道饼是怎么得到的，具体而言，包括三个关键点：

（1）是平均分的，用分数线表示。

（2）一共分成多少份，用数字来表示，写在分数线下面，叫分母。

（3）拿到一份，用数字1来表示，写在分数线上面，叫分子。分子、分母合起来得到一个分数，读作"几分之一"。

（六）作业布置，巩固提升

课本92页第4、5题。

板书设计：

分数的初步认识

（平均分）

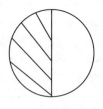

每块→表示为"1"（其中一份分子）

平均分→表示为"—"（分数线）

两块→表示为"2"（总份数分母）

$\dfrac{1}{2}$读作"二分之一"

《三角形的面积》教学设计

【教学内容】

人教版义务教育教科书数学五年级上册第五单元第91、92页内容

【教学目标】

1. 探索并掌握三角形的面积公式，能正确计算三角形的面积，并能应用公式解决简单的实际问题。

2. 使学生经历操作、观察、讨论、归纳等数学活动，进一步体会转化方法的价值，发展学生的空间观念和初步的推理能力。

3. 让学生在探索活动中获得积极的情感体验，进一步培养学生学习数学的兴趣。

【教学重、难点】

教学重点：探索并掌握三角形的面积公式，能正确计算三角形的面积。

教学难点：理解三角形面积公式的推导过程。

【教学准备】

每小组各两个完全一样的直角三角形、锐角三角形、钝角三角形，每小组各一个长方形、正方形和平行四边形的纸模型，一条红领巾，多媒体课件。

【教学过程】

（一）动手操作，发现规律

（1）引言：利用信封内的长方形、正方形和平行四边形，如何在每个图形上折一次，使折痕两边的形状、大小完全一样？先思考或讨论有几种折法，再开始折。

（2）小组学生代表上台汇报操作结果。

（3）根据汇报有选择地在黑板上贴出折法。

（4）让学生观察后提问。

问题一：这三个图形分别折成了两个形状、大小完全一样的什么图形？

问题二：每个三角形的面积与原图形有什么关系？如何得出折后三角形的面积？

得出：折出的三角形面积是原图形面积的一半。

设计意图：通过动手实践，既做到复习旧知，又让学生初步理解三角形的面积与平行四边形之间的联系，为新知的探索做好铺垫。

（5）引出课题。

问题：如果我们从桌子上任意取一个三角形，这个三角形的面积怎样求呢？这就是我们今天要学习研究的内容。

（板书课题：三角形的面积）

设计意图：从不会计算的面积图形中揭示课题，激发学生的探究兴趣。

（二）探索三角形面积计算公式

（1）解决问题。

要求：请同学们利用信封里面的学具，利用以前所学过方法，拼一拼、折一折、剪一剪，看能发现什么，能否解决三角形面积计算的问题？

（2）可以独立思考，也可以合作完成。

设计意图：给学生留出足够的空间，发挥学生的主观能动性和合作精神，自主探索三角形的面积的公式。

（3）推选学生代表上台汇报研究思路。

生1汇报：我们用2个完全一样的锐角三角形拼成了一个平行四边形，拼成的平行四边形的面积=底×高，每一个锐角三角形的面积是这个平行四边形面积的一半，所以一个三角形的面积=底×高÷2。

师：刚才这个小组是用两个完全一样的锐角三角形来拼组的。你们还有其他新的发现吗？

生2汇报：……

生3汇报：……

生4汇报：我们组通过剪一剪，将一个等腰三角形沿高剪成两个完全一样的直角三角形，拼成了一个长方形。这个长方形的底是原等腰三角形的一半，高与原等腰三角形的高一样，所以拼成后长方形的面积是底÷2×高

……

设计意图：让各组学生口头表达自己小组的推导过程，锻炼学生整理数学思维、理顺思路的能力和口头表达能力。

（4）老师与学生进行归纳总结。

总结：同学们的思路非常开阔，通过团队的力量，研究出不管是锐角三角形、直角三角形，还是钝角三角形，只要两个完全一样的三角形就能拼成一个平行四边形（特殊情况下，可以拼成长方形或是正方形），大家都说其中一个三角形的面积是拼成的平行四边形面积的一半。

追问：是不是任意一个三角形面积是任意一个平行四边形面积的一半？

得出：三角形的面积是这个等底等高的平行四边形面积的一半。

师：看来，我们通过剪一剪、拼一拼，知道怎样求一个三角形的面积了。那谁来说一说三角形的面积的计算公式是什么？

三角形的面积=底×高÷2，即s=ah÷2。

为什么写这个公式时用三角形的底乘高呢？"底×高"表示什么意思？为什么要"÷2"？

设计意图：通过小结追问，让学生更进一步对三角形的面积=底×高÷2的理解。

（三）介绍P92的数学知识

设计意图：通过数学知识的介绍，渗透爱国主义思想教育，同时增强学生利用知识解决实际问题的信心。

（四）应用提升

（1）想求一条红领巾的面积，需要知道什么？

（2）求下面这个三角尺的面积。（图3-9）

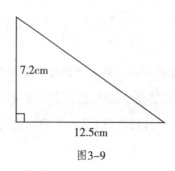

图3-9

（五）课堂小结

（1）本节课你学到了什么新知识？怎么学会的？

（2）教师归纳学习方法及内容。

（3）请同学们下去做一个实验：在平行线间，画等底的三角形，看看所画的三角形有什么关系。（预设下节课要解决的新问题）

（六）布置作业

课本第94页第2、4、5题。

《三角形的内角和》教学设计

【教学内容】

人教版义务教育教科书数学四年级下册第67页。

【教学目标】

通过测量、计算、剪拼、折拼等活动探索和发现三角形的内角和等于180°，并能应用这个结论解决简单的实际问题。

经历"猜想—验证—得出结论—应用结论"的过程，培养动手操作能力和推理能力。

感悟合作的必要性，培养实事求是的科学态度。

【教学重、难点】

探索并发现三角形的内角和等于180°。

【教学准备】

课件。

【教学过程】

（一）板书课题，引发问题

板书课题。

师：今天我们要学习的内容是什么？看到这个题目，你想知道什么？

预设问题：什么是内角？三角形的内角和是多少？三角形的内角和怎

么求？

师：谁来说一说什么是内角？

（让知道的同学解决这个问题）

师：三角形的内角和是多少？三角形的内角和怎么求？今天我们就来解决这两个问题。

设计意图：根据课题让学生提出问题，培养学生发现问题、提出问题的能力，也为后面的学习奠定基础。

（二）计算特例，引发猜想

1. 计算特例

师：上学期我们在《角的度量》这一单元的练习中分别测量了两个三角尺的三个角。

师：（出示第一个学具三角尺）这个三角形的三个角分别是多少度？三个角的和是多少度？

师：（出示第二个学具三角尺）这个三角形的三个角分别是多少度？三个角的和是多少度？

2. 引发猜想

师：两个三角形的内角和都是180°，你有什么猜想呢？

预设：我猜想是不是所有的三角形的内角和都是180°呢？

师：今天我们就来验证这个猜想。

师：你能想办法证明三角形的内角和是180°吗？

师：你们一定想到了测量求和的方法，接下来我们就用测量的方法证明我们的猜想。

设计意图：根据学生已有的知识经验，把旧知识作为新知识的生长点，引导学生从原有的知识经验中主动构建新的知识经验。根据学生计算直角三角形的内角和，作出一般的猜想，用测量的方法求三角形的内角和。

（三）探究验证，得出结论

1. 用测量的方法验证

（1）学生测量。

师：请同学们拿出准备好的两个三角形，分别把它们的三个内角标上∠1、

∠2、∠3。

师：现在大家可以利用手里的三角形进行测量，并在三角形纸片上做好记录。

（2）全班汇报。

汇报测量求和的方法，将数据记录在下表。（相同种类的三角形记录在一起）

预设：最后的结果跟180°有误差。

师：面对这些不同的结果，你有什么问题？

师：对，误差是不可避免的，如果制作的三角形更规范、测量仪器更精密、测量更细心，误差会减小。有一款软件叫"几何画板"，它有精密度量和快速准确计算的功能。请观察下图，∠1、∠2、∠3分别是多少度？内角和是多少度？课件演示三角形的内角大小动态变化，表格中的数据相应变化。

师：（课件演示拉动三角形）∠1、∠2、∠3分别是多少度？内角和是多少度？

师：在这个过程中什么变了？什么没变？

预设：三个角的度数都在变，内角和是180°没变。

师（小结）：同学们，通过刚才的测量与计算，以及几何画板的帮助，你能得出什么结论？

预设：三角形的内角和是180°。

设计意图：学生用测量的方法求和出现了170多度、180多度等不同的结果，这是正常的，引导学生直面误差，分析误差出现的原因，培养了学生实事求是、诚实严谨的科学态度。最后利用课件的演示帮助学生得出严谨的科学结论。

2.用剪拼法验证

师：刚才我们用测量求和的方法证明了三角形的内角和是180°，还有其他不同的办法吗？

预设：教师用180°引导学生想到平角，在黑板上画出平角，教师利用黑板上画的平角帮助学生验证。

师：怎样做才能把三个角变成一个平角呢？

（学生动手操作。教师指名展示）

3. 用折拼法验证

师：除了把三个角剪下来或撕下来拼成平角，还可以怎么做呢？

预设：如果学生能想到折拼的方法就让学生展示，如果学生想不到，教师示范折拼法。

折拼法：从三角形的一个顶点向对边做高，找到垂足，再将三角形的三个顶点分别对准垂足折叠，三个角就折成了平角。

师：（小结）不论是测量法还是剪拼法、折拼法，我们都得到了三角形的内角和是180°。

设计意图：用问题引领学生的活动，让学生思考出不同的验证方法，培养学生的动手能力。

（四）运用结论，巩固练习

（1）下面哪三个角是同一个三角形的内角。

课件出示两组内角度数：30°、60°、45°、90°，52°、46°、54°、90°。

（2）妈妈给淘气买了一个等腰三角形的风筝，它的顶角是40°，它的一个底角是多少度？

（3）猜一猜可能是什么三角形？（课件出示）

（五）数学文化，拓展思维

（1）你们知道三角形的内角和是谁发现的吗？

（介绍帕斯卡）

（2）两个三角形拼成一个三角形，一个三角形再分成两个三角形，让学生说一说每个三角形的内角和是多少，并说明理由。

《小数乘整数》教学设计

【教学内容】

人教版小学数学五年级上册《小数乘整数》例1、例2。

【教学目标】

1. 结合具体情境理解小数乘整数的意义及算理，掌握小数乘整数的竖式计算方法。

2. 经历小数乘整数的算理和算法的探究过程，感受转化和数形结合等数学思想方法。

3. 能运用已有知识和经验主动进行数学思考并进行分析和归纳，使学生形成有条理、有逻辑的思维习惯，培养学生勇于探索、举一反三、严谨求实的理性精神。

4. 在独立思考、与人交流算法的过程中获得成功的体验，培养学生学习的主动性。

【教学重、难点】

教学重点：理解小数乘整数的算理，掌握小数乘整数的计算方法。
教学难点：理解小数乘整数的算理。

【教学准备】

学生探究单、课件。

【教学过程】

（一）创设情境，提问质疑

课件出示蝴蝶风筝及价钱。小明买了3个。

师：从图中你能获得什么信息？你能提出什么数学问题？

师：要求3个蝴蝶风筝多少钱，实质是求什么？怎么列式？

师：观察这个算式，跟我们以前学过的知识有什么不同？（根据学生回答，板书课题）

师：看到这个课题，你想在这节课中学到什么？

（二）合作探究，理解算理

1. 独立思考，记录思考

师：3.5×3该怎样计算呢？你能不能用我们以前学过的知识来解决呢？下面请同学们把自己的想法和思考过程记录到探究单上。

学生记录，教师巡视，收集学生作品。

2. 全班交流，感悟算理

师：刚才同学们都有了自己的思考，接下来我们汇报一下。数学是一门讲道理的学科，要说出你的计算道理。

预设1：

将3.5×3转化为3.5+3.5+3.5，就表示3个3.5相加的和是多少。

预设2：

3.5元=35角，35×3=105角，105角=10.5元。

师：为什么要将元转化成角来计算？（学生说理由）

师：转化的作用可真大，把不会算的小数乘法变成了会算的整数乘法。

预设3：

3.5元=3元5角

3元×3=9元

5角×3=15角

9元+15角=10.5元

预设4：

3.5×10=35

35×3=105

105÷10=10.5

师：看到这种方法，你有什么疑问？谁来解释一下？

如果学生有问题，教师引导：根据积的变化规律，一个因数不变，另一个因数扩大几倍，积就要相应地缩小几倍。（板书）

师：同学们，我们通过生活中的经验和积的变化规律，解决了3.5×3这个问题，请大家观察一下第2、3、4这几种方法，说一说它们有什么共同点？（学生说，教师归纳）

师：这几种方法都是把小数乘整数转化成了整数乘法进行计算的，也就是把没学的知识转化成了学过的知识。我们今天的学习也会为后面的学习奠定基础。

师：同学们，大家回顾一下，之前我们是用什么（教师出示课件）来帮助学习小数加减法的？那3.5×3是不是也能用直观图来讲清道理呢？

教师播放课件。

师：用一个正方形表示1，怎样表示0.1、0.2呢？这是一个3.5。3.5表示什么呢？3.5×3，有这样的几份？3份一共是多少个十分之一，怎么算？表示105个什么？105个十分之一就是10.5，下面我们用竖式把这种方法记录下来。

3. 理解算理，感悟算法

师板书：3.5×3，5与3对齐，这和整数乘法的竖式一样，末尾对齐。接下来该怎样计算呢？先算35×3，最后点上小数点。

师：这和前面的算法有什么相同的地方吗？

生：都是借助整数乘法来计算的。

（三）沟通优化，提炼算法

解决问题，深化算理。

师：刚刚我们用多种方法解决了问题，同学们能不能尝试用竖式来解决0.72×5？

学生独立完成，同桌互相交流。

指名上黑板交流。引导学生说清楚道理。

分析素材，总结算法。

请大家计算学习单上的两道题。

说一说你是怎么算的？（寻找做错和做对的同学进行比较）突出怎样点小数点。

师：回顾刚才做过的四道竖式，说一说怎样计算小数乘整数？

（先按照整数乘法的计算方法进行计算，然后点上小数点。重点问，如何确定小数点的位置）

（四）总结全课

通过今天的学习，你有什么收获？

04

第四章

心得分享

人教版"数学广角"的教学定位

教学"数学广角",一定要明确以下几个关系。

一、数学广角与传统应用题教学的关系

虽然有些"数学广角"的内容来自传统应用题内容,如"鸡兔同笼""植树问题",但"数学广角"不同于传统的应用题教学。传统的应用题虽然也注重联系实际,但主要是作为帮助学生理解数学知识的一种手段,呈现的大多是答案唯一的问题,往往缺乏开放性;传统的应用题虽然也重视培养学生解决简单问题的能力,但主要是看能否解答书上的问题;传统应用题教学中更多关注的是学生的解题能力,学生的解题过程很大程度上成了"理解数量关系——搜寻记忆的图式——运用对应图式作解答"的一个过程。而"数学广角"强调体验和抽象的过程,呈现的问题更具有开放性和挑战性;在解决问题的过程中,学生不能依靠简单的模仿和记忆,而是需要积极思考,不断对信息进行加工和处理,通过观察、操作、猜想、实验、抽象等一系列的数学活动使他们在提高数学思维水平的同时,体会到一些重要的数学思想方法。

二、"数学广角"与奥数的关系

尽管"数学广角"的许多内容原本是奥数的内容,如"抽屉原理""找次品""找规律"等,但"数学广角"和奥数是不同的。

奥数教育实质上是精英教育,是对智力超群的学生的拔高教育;"数学广角"面向的是全体学生,是大众教育。奥数一般难度较大,题目多;"数学广角"难度较小,内容少。奥数注重的是思维训练,主要采用灌输式教学方

式，进行题型套路教学；而数学广角注重的是数学思想方法的渗透，主要采用启发式教学方法，引导学生主动学习，开发智力，提高数学素养。奥数使得学生学会根据题型判断采用哪种解题方法，教师没有教的题型学生不会做，教得多的、训练得多的做得就好；而数学广角使得学生学会举一反三，学会融会贯通，激发学习兴趣，开阔数学视野，在经历、体验、感受中，"润物细无声"地渗透数学思想方法。

因此，教师在"数学广角"教学中应该更多地关注数学思考教学目标是否实现、应该如何实现，特别是对于数学思考达到怎样的层次应该有明确地要求和准确地判断，既不能过低，也不能过高。

构建简约而富有思想的数学课堂

——以三年级上册《搭配》为例谈数学思想的渗透

　　怎样的课堂才是"简约而富有思想的数学课堂"呢？我查了相关资料，对"简约"的理解各有不同。"简约"的数学之意，并不是简单和简化，相反，它是一种更深广的丰富；在去繁就简的同时，保留并凸显了事物本身的经典内核。"简约"既表达了数学学科的本质特征，又体现了数学教学的内在要求。因此，简约数学教学应该成为数学教师在掌握了数学自身发展规律和儿童数学学习规律后的自觉追求，是对数学课堂教学的理性回归。数学课堂在简洁清晰中只有达到教学艺术的高度，实现了充分显现教师个人的独特风格和教育理解，彰显儿童的学习活力，促进学生的主动发展，才是真正的简约教学。

　　这段话包含了三个方面的含义：一是如何做——教师要能对影响教学的一切要素精确把握，包括教材研读、教法确定、学生已有的经验基础等具体实在的内容，也包括无形的师生关系、学习情绪调控、班级集体氛围等，在此基础上对各种教学素材的使用能做到优选，经济，精当，以一当十。二是做成怎样——也就是课堂要清晰、流畅，就像一道清澈的小溪，但是简洁之中又蕴含着丰富和深刻。三是目标指向——直接的目标就是创造出了优质教学和高效课堂，而终极目标或者说最根本的目标，则是指向学生数学学习能力、数学思维品质、数学素养的提升以及美好的数学情怀孕育和健全向上的人格生成。如果也用一句话来浓缩简约数学教学的精髓，那就是"简于形，精于心"。

　　像三年级《搭配》这节课，感悟有序的思考方法是本节课的教学目标之一，也是教学重点。执教者这里安排了五个层次的数学活动，强化有序思考，引导学生掌握有序思考的方法。

说一说：让学生用语言描述搭配衣服的过程，体验语言"搭配"的"乱"。

摆一摆：学生在充分操作的基础上，体会有序的重要性——通过有序地操作，能将所有情况一一列举出来，保证计数时不重复、不遗漏。

画一画：让学生经历用简洁的文字、图形、符号等方式展示、表达、叙述思考的过程。

想一想：旨在引导学生提升通过操作获得的具体经验，深化有序思想。

连一连：旨在帮学生运用连线来表征序列，建立清晰的有序搭配模型的表象。这样，学生不仅能产生有序思考的意识，而且能获得有序思考的具体方法。

整节课，显得简约、真实、数学味浓厚，富有灵动，学生们的思维活跃。当然，简约数学课堂追求的是从繁复走向简约，并从简约抵达丰富的课堂。如果说"简约"是从目标到环节，从方法到语言都不枝不蔓，干干净净，那么，"丰富"则是指在教学过程所呈现的思想的张力、思维的张力、情感的张力、文化的张力以及师生智慧的张力。

浅谈在数的运算教学中如何进行深度学习

数学深度学习是要使学习活动更为主动、协调，使学生的学习不再是孤立的、零散的，而是更多地呈现出一种基于学生个体积极参与、互动实践的状态。学习不再仅仅是学生的个人行为，而是课堂教学活动中所有成员参与的一种团队合作行为。

数的运算教学是数学知识中的重要内容之一。计算在小学数学教材中所占的比重很大，学生计算能力的高低直接影响着学生学习的质量。

我觉得在数的运算教学中应该从以下几方面做到深度学习。

一、加强学生对算法和算理的掌握

要使学生会算，首先必须使学生明确怎样算，也就是加强法则及算理的理解。教学时，教师应以清晰的理论指导学生掌握计算方法，厘清并熟练掌握计算方法、运算性质、运算定律以及计算公式的推导方法，培养学生的简算意识。

二、梳理数学模型的建构过程

小学数学运算深度学习应通过学生熟悉的"情境引入""讨论互动""做中学""练习应用"等教学模式，促使学生主动的、合作的、适度的、有意义的学习，使学生在数学学习活动中掌握知识的同时，探索知识背后的意义。教学中，教师要引导学生一起积累丰富的规律探究活动经验，以此获得数学思维的发展，提升知识学习的有效性和价值感。

三、激发学生学习兴趣，使深度学习成为可能

俗话说得好：兴趣是最好的老师。学生们有了学习的兴趣，才能积极投入到学习中去。有了兴趣，才能发掘学生们巨大的潜能。数的运算的教学设计要符合学生年龄特点，吸引学生的注意力。

四、教学中加强交流互动，培养深度学习

在小学数学课堂上，每一个学生都带着自己独特的学习经验和认知风格进入学习活动，深度学习需要学生在此基础上与学习内容及内心经验进行对话，与身边的其他同学相互交流。教师要帮助学生在数学课堂上确立共同的学习目标，创设切实的问题情境，形成宽松的学习氛围，使学生能够以积极的态度参与学习；借助小组讨论等形式，在互动交流中倾听和表达，发挥学生的主体作用，使学习活动更多地表现出主动合作的状态；让每一个学生都参与学习的全过程，体会学习方式的多样化，促进良好学习互动群体的形成，将深度学习真正扎根于课堂学习活动；发展数学模型思想，使数学课堂上的深度学习成为一种现实可能。

05

第五章

论文发表

在小学数学教学中培养学生的高阶思维

纵观当下课堂，低效教学现象依然存在，教师对学生思维发展研究不够，对教材研究不深，导致教师教得累，学生学得苦，久而久之，使学生产生厌学心理。因此，教师在实施教学时，除了设计有关学生记忆、理解、应用等的活动外，还应该拓展教学思路，利用已有知识经验，创设丰富的具有挑战性的教学活动设计，冲破原有的思维模式，充分发展学生在数学分析、评价、创新高阶思维等方面的培养。分析、评价、创造等高阶思维活动是探究的基本特征。开展高阶思维活动，有利于学生形成科学的思维形式和思维习惯。小学数学通过教师目标引领、学生活动探究、思维架构等方面来培养学生高阶思维。

一、明确高阶思维发展目标

目标是教学的航向，决定着教师教学的方向、内容深度和策略的制定。所以为培养学生高阶思维的发展，教师要认真梳理教学内容之间的勾连，确定内容达成目标及教学策略的选择，然后确定学生思维发展目标达到的维度。在数学教学活动中，教师通过选用思维水平的相关代表词，充分发挥既定目标对培养学生高阶思维能力的导向作用。

小学数学教学中高阶思维过程维度分类及其行为表征词见表5-1。

表5-1

层次	类别	行为表征词	数学思维达成
分析	信息	读取、提炼、联系、选择	1分
	甄别	发现、关联、寻求、方法	1分
	推断	已有经验解决问题	1分
评价	测评	复核检验	1分
	判断	诊断过程的获得	1分
	互评	评论结果产生影响	1分
创造	新背景	创造新的问题情境	1分
	新计划	设计解决方案	1分
	新生成	建构解决途径	1分

思维层次设定，让师生根据教学内容，对应思维类别及思维表征词，给思维探究活动赋分，在不断发现与完善中提升学生的思维品质。

二、制定高阶思维活动水平分析要点

如果说目标是我们提升数学思维的方向，那么学生思维发展水平分析表，则是我们的目标导航。学生高阶思维的培养与发展，需借助活动探究来分析研究学生能力提升、知识技能掌握、情感态度形成、高阶思维发展趋势。所以，通过探究活动制定培养学生高阶思维发展分析量表，有助于促进学生分析、评价与创新思维的提升，促进学生养成主动思考与分析的习惯。教学活动中高阶思维水平分析表列举见表5-2。

表5-2

活动要素	高阶思维类别	活动案例设计	评价标准	达成及改进
提出问题	（分析）信息分析发现关联	问题：曹冲是怎样称出大象重量的？如何求出这个不规则图形面积？	两个问题之间有什么联系？体现的数学本质是什么？看学生是否能够发现关联？	"转化思想"不仅在生活中有，在数学中也有，通过转化，可以将复杂的问题简单化。学生思维从生活转化迁移到数学转化，感悟数学思想

续 表

活动要素	高阶思维类别	活动案例设计	评价标准	达成及改进
作出假设	（创造）提出推理假设论证	假设：这个平行四边形能利用转化的思想求出面积吗？	是否能够利用旧知迁移，或数方格，或剪拼成长方形，推出平行四边形面积	通过假设推论，发现平行四边形和长方形之间有联系，利用转化思想，化难为易，利用形变积不变，勾连知识
方案设计	（创造）合作设计分析判断	创造：运用转化思想，尝试探索平行四边形转化成长方形（正方形）	分析转化后的长方形与原平行四边形的关系	动手操作后，发现转化后的长方形的高是原平行四边形的高，底是原平行四边形的底。理解"等积变形"
实施过程	（分析评价）思路交流对比判断检测正确性	深入分析：探索是否任何一个平行四边形都可以转化成长方形。拿出不同平行四边形进行实验	学生是否能够利用剪拼大小形状不同的平行四边形等方法进行推理验证	学生对转化后长方形与原平行四边形的理解是到位的，但对变形后的关系理解起来有点困难
结果交流	（分析评价）动手实验分析判断	交流结果：任何一个平行四边形都可以转化成长方形，只要算出长方形的面积，就知道转化后平行四边形的面积了。转化后长方形的高是原平行四边形的高，转化后长方形的底是原平行四边形的底	学生提问能否触及数学本质，如：能否提出任何一个平行四边形都能转化成长方形？转化后的长方形与原平行四边形有什么关系？学生能否利用迁移去研究实验？	根据课堂反馈，学生基本能理解转化数学思想，在应用过程中能进行迁移验证。但中下水平学生对"等积变形"的研究过程需要教师不断地指导和点拨。下一步，在教学策略改进中，要将学困生与优生进行搭配，设计符合学生差异性的练习题，增强他们学习的自信和兴趣
结果分析	推理分析归纳总结	只要知道平行四边形的底和高就能算出它的面积。$S=ah$	能否找到对应的底和高及等底等高、等底不等高等情况并进行分析？	在作业设计上要有层次性，照顾到有思维差异的学生，随时为每一个学生的发展进行评价

三、设计挑战性教学活动提升学生思维能力

教学活动的设计是落实目标达成的落脚点。在探究活动设计上，首先要关注学生学情分析，在分析学生已有知识经验基础和思维水平基础上，设计符合学生实际且具有挑战性的探究活动，促进学生生成高阶思维品质。

比如：

在小数除法教学中，要解决11.4÷3等于多少这个问题，教师要创设一定的问题情境，如买3个笔记本一共花了11.4元，每个笔记本多少钱？

在思维分析层次，学生通过阅读信息进行合理估算和推断，根据对元角分的认知迁移，先在11元中取出3个3元，然后将剩余的2.4元换算成24角再次均分，得到每个笔记本3.4元。在换算过程中，教师适时分析学生的思维点在哪里，（原有的经验认知）预判学生会寻求什么模型解决问题，（总价÷数量=单价）在整个活动分析过程中，遵循学生认知规律和思维的逻辑顺序。

在思维评价层次，教师根据学生前期表现，制定评价标准，并在标准对照下，对实施过程、结论以自评、互评、书面等形式进行评价。例如：追问学生，还可以怎样分？学生探索得出，将11.4元换成114角，将114角平均分成三份，得出每个笔记本24角，就是2.4元。这时，教师再次追问"11.4÷3"能否列成竖式？如何利用横式意义解释竖式中试商过程？为什么商3，余下的2表示什么？小数部分的4表示什么？与余下的2合起来表示什么？商的小数点应该在什么位置？这样，教师利用横式算理很好地解释了竖式算法，让学生从单位换算理解上沟通了整数与小数、横式与竖式算理的统一，使学生的思维在对除法意义的再认识和对小数位值的再理解上有了深度思考，体现了数学价值。

在思维创新层次，教师对学生学习小数除法进行前测，让学生了解解决问题的思维路径有元化成角、商不变的性质、小数拆合、竖式尝试等4种，设计开放活动，让学生根据已有知识基础尝试解决问题，大多数学生都能利用元换角的方式解决每个笔记本多少钱的问题。还有的学生能以元角分思考方式迁移到直观的画图，将11.4元以图示形式均分成3份，并直观呈现剩余的2.4元，用图示表示24角，并再次等分成3份，得出每个笔记本的单价。由此，学生很容易将小数除法问题通过转化为整数除法思路来解决，并很好地用计数单位细分的方式

理解了算理。在这个活动探究中，学生思维从形象逐步走向抽象，发展了运算能力。

四、设计多层次练习作业提升学生思维发展

每天上完课，学生们大量的时间是在写作业的过程中度过的，我们在备课中备好课，精心地设计作业，挖掘习题的内涵，加强对习题资源的利用和拓展，是提升学生思维发展的好渠道。例如，人教版六年级上册总复习中有这样一道题：

用三张同样大小的正方形白铁皮（边长是1.8m），分别按下面三种方式剪出不同规格的圆片。

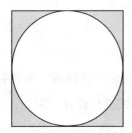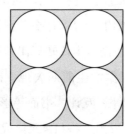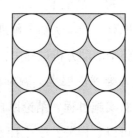

图5-1

（1）三种圆片的周长分别是多少？

（2）剪完圆后，哪张白铁皮剩下的废料多些？

（3）根据以上的计算，你发现了什么？

这是学生在学习了圆的认识、圆的周长、圆的面积知识后，综合利用正方形与内切圆的关系（半径与边长）来解决问题。这道题内涵丰富，我们可以依学生学情及掌握知识难易程度，按照基础类、提升类、实践类三个层次进行重新设计。

第一层次：基础类

（1）三个里圆的半径各是多少？半径与正方形有什么关系？

（2）三种圆片的周长分别是多少？

（3）三种圆片的面积分别是多少？

第二层次：提升类

（1）从三张同样的正方形里分别剪去不同规格的圆片，发现了什么？

（2）圆的面积占正方形面积的几分之几？

第三层次：实践类

（1）根据刚才的计算，大家想一想、画一画，从正方形里面画1个圆，到正方形里画4个、9个完全一样的圆，如果让你接着画，正方形里还可以画几个完全一样的圆？

（2）通过画圆，你觉得有规律可循吗？

此类习题的设计，让学生在难易体会中，以积极的心态探究解决问题的策略，学生的感觉是新鲜的且有挑战性的，在不断解决问题的过程重新构建知识体系。比如，他会发现一直画下去其实是有规律可循的：1是1^2，4是2^2，9是3^2，所以接下来是4^2，5^2……而且圆的面积之和占大正方形面积的比率是一样的。整个学习过程，学生学得主动积极，学到的不仅仅是知识技能，更是方法创新的过程。学生思维的发展在不知不觉中得到提升。

五、高阶思维活动设计时注意的问题

数学是思维的体操。当下，核心素养、思考力、深度学习、单元主题设计、数学思维的发展、课堂教学改革发展评价等，都是高频出现的热词。那作为一名数学教育工作者，如何审视自己的课堂和教学？如何以培养学生"四能"为基点，发展学生良好的数学思维呢？更多的为"什么"而教摆在了我们的面前。细细琢磨，反复思考，作为一名数学教师，教学中，一定要做到以下几点，才能使学生的学习有深度和高度。

一是建立良好的师生关系，让学生爱上你的课堂。课堂是师生共舞的场所，教师是绝对的驾驭者，学生是绝对的主演者。学生状态、情绪高低、思维进阶等都在师生的关系中发展着，教师要对有差异的学生包容、容错，最后达到情感共鸣、思维共振、个性发展。因为疫情，我校五年级四班数学教师被隔离，我成了四班临时数学教师，第一节课后，我发现学生们不爱发言，学习兴趣不高，做题时不会审题，还很粗心。之后我跟班主任了解到，本班学生个性差异较大，成绩差异很大，家庭情况差别很大。为了让学生们第一时间喜欢上我，在课堂上，我因材施教，对表现不同的同学提出了不同的要求，课堂表现好的同学可以免作业，但又悄悄设了"套"，让他们自己选择布置的实践作业，用一周的时间来完成。学生们可以选择作业，又有探索性的作业，一下子兴趣很高，每天围着我，跟我要实践性作业。几天的接触后，学生们接纳了我，课堂中总是有意想不到的事感动着彼此。所以，有思考的、有思维发展的课堂首先是有温情的课堂，有良好师生关系的课堂。

二是建立数学知识系统，让学生因你爱上数学。要想让学生有思考力，首先教师要有数学思想。有数学思想的课堂，才是有根有魂的数学课堂，才是使学生终身受益的课堂。所以数学教师不仅要认真从横向、纵向对数学课程及教育价值进行研究，还要对每一个知识点渗透的数学思想进行深度研究，真正让学生知其然，更知其所以然，走进数学的本质，掌握数学思想方法。比如六年级学生学习了"统计图"后，可以将信息技术学科知识、数学知识以及数据的收集整理进行分析判断，还涉及语文知识、科学知识融合，如以"疫情中的数据"为主题，进行研究，分析研判每天疫情情况。这样由一个数学知识的"生长点"延伸生成了一条多学科知识的"融合链"，让学生由一种思维发展到多元思维，不仅实现了数学与各学科知识之间的联系与渗透，而且让学生主动思考，培养了学生的综合能力，促进了学生高阶思维能力的发展。在教学"图形的运动"复习一课时，不仅仅了解几种运动的方式和特点，而是抓住特点，梳理小学阶段求阴影部分的面积这一类题型特征，发现都是利用"变"中"不变"的图形运动特征，很好地解决问题，一下子打通了知识间的勾连，改变了学生学习的方式。

总之，对学生分析、评价、创造高阶思维活动的培养，不是一蹴而就的，需要慢慢探索，慢慢沉淀，慢慢生长；需要教师从尊重学生个性差异、优质的课堂问题设计、开放有序的学习方式中，实现学生认知结构与理解程度的转变，让每个学生在这种思维飞扬的和谐中成为最好的自己。

参考文献

[1] 中华人民共和国教育部. 义务教育数学课程标准（2011年版）［M］. 北京：北京师范大学出版社，2012.

［2］许芳.有效培养小学生的数学高阶思维能力［J］.小学科学（教师
版），2018（7）：181.

备注：甘肃省教育科学"十三五"规划2020年度重点课题，课题名称《小
学数学深度学习与高阶思维培养研究，课题立项号GS【2020】GHBZ029》。

人教版《数学广角——找次品》听评课有感

本学期学校搞教研活动，定的是同课异构，我和几位老师同时上五年级的《找次品》。在评课环节中老师们提出了种种困惑，通过大家沙龙式的研讨与教研员的指点终于一一明确，这一活动使我感悟到研讨教材的重要性。课后我将自己的课堂实践与收获进行了认真反思，以便和同人交流。

一、思维碰撞，梳理困惑

（1）本课的教学目标如何定位？

（2）《找次品》的教学需不需要用真的天平？

（3）如何更好地理解"至少""一定（保证）"？

二、研读课标，目标设定

教研员告诉老师们，一定要通过反复研读课标，领会教材，重抓教学主线。《找次品》的教学，旨在通过"找次品"渗透优化思想，让学生充分感受到数学与日常生活的密切联系。优化是一种重要的数学思想方法，运用它可有效地分析和解决问题。

大家通过研讨将《找次品》这节课的目标定为：

（1）让学生初步认识"找次品"这类问题的基本解决手段和方法。

（2）学生通过观察、猜测、试验、推理等活动，体会解决问题策略的多样性及运用优化的方法解决问题的有效性。

《找次品》的教学需不需要用真的天平，可以灵活安排。

教材指出：如果有天平，借助天平进行实际操作能够帮助学生直观地理解解决问题的方法；如果没有天平，也可以借助其他学具进行操作，同样可以帮助学生理解解决问题的方法。

在教学中，我选择不用天平，因为用天平一是耗时多，二是学生不可能进行"如果平衡……如果不平衡……"的想象和推理了。

三、立足教材，创新使用

本课如果只找5件或5件以内物品中的次品太简单，我仔细研读课本例1的教学意图后进行补充。

例1教学意图：

（1）创设找3瓶钙片中的1瓶次品的合作学习的情境。

（2）认识"找次品"这类问题，探索解决问题的方法。

（3）体现解决问题方法的开放性、多样性。

根据大家的研讨结果，我重新设计了课堂教学，进一步体会"保证、至少"和"全面地考虑问题"的数学思想方法。

按以往的教学经验，有一部分学生总是对"至少""保证"很难理解。所以在本节课的教学前，我在教学第二环节时，将重点放在让学生体会"保证、至少"和"全面地考虑问题"的数学思想方法上。

课例出示： 有5个乒乓球，其中一个是次品，比别的球轻一些，用天平称，至少称几次就一定能找出次品来？

（1）学生独立审题。

（2）学生反馈演示。

生1：首先将待测物分成3份，分别是（2、2、1）的分法，至少要称2次。

师：你们听明白他是怎么找出次品的了吗？他把这5个乒乓球分成了几份？（板书：5个）每份分别有几个？［板书：3份（2、2、1）］至少要称几次就一定能找到次品？（2次）

师：我注意到在刚才的演示过程中，他说两边平衡时，没称的那个就是次品。这也就是说只用一次就找出了次品，为什么大家都说至少称2次才能找出次品呢？

生2：这是运气。

生3：用这种方法称球，称1次只是可能找出次品，而不是一定能找出次品。

生4：题目要求一定要找出次品，所以要把最倒霉的情况考虑进去。称1次肯定就不行。

师：称2次是不是就确保一定能找出次品了呢？

生：是。

师：你们为什么这么肯定？

生1：因为我们已经把最不好的情况考虑了，再没有比它更糟糕的情况了。

生2：再没有其他的情况了，而称2次就可以找到次品，所以我们很肯定。

生3：对，我们下这个结论不是像称1次那样靠运气，而是考虑了最坏的情况，所以我们可以肯定。

师：同学们说得非常好，正如大家所说解决这个问题时我们已经把最坏的情况考虑了，也就是全面地考虑了所有的情况（板书：全面考虑问题），这样我们就能肯定地说用这种方法称，至少称2次就一定能找出次品来。

仔细分析这节课，每个找次品的问题都是"至少称几次就一定能找出次品来？"这里的"至少"和"一定"同时出现，其实就是需要"全面思考问题"的数学思考方法作为保证。

所以在教学数学广角时，教师一定要认真研读教材，创设合理的数学情境，运用灵活多样的教学方法，使学生们在学了数学广角后，数学思维得到真正地提升。

参考文献

中华人民共和国教育部. 义务教育数学新课程标准（2022年版）［M］. 北京：北京师范大学出版社，2002.

如何在"数学广角"教学中向学生渗透数学思想方法

"数学广角"是人教版小学数学实验教材新增加的板块，这块新内容令许多执教教师都感到比较迷茫。迷茫于编者的意图，迷茫于教学目标的把握，迷茫于教学方法的选择，迷茫于内容的处理，迷茫于过程的展开，迷茫于……再加上从总体上来说，"数学广角"的内容不列入期末考试的范畴，所以有的教师就蜻蜓点水，一带而过；有的教师又因为学校要进行竞赛，上成奥数课。"数学广角"究竟如何去教学呢？

一、在游戏情境中多次体验，感受数学思想方法

《数学课程标准》指出："（数学课程）不仅要考虑数学自身的特点，更应遵循学生学习数学的心理规律，强调从学生已有的生活经验出发……数学教学活动必须建立在学生的认知发展水平和已有的知识经验上。"例如，一位教师在上二上的排列组合时，把各项教学内容全部贯穿于一个游戏活动中，把摆数、握手、搭配衣服、打乒乓球、买练习本等学习内容贯穿整节课，使教材在呈现方式上变得生动、有趣，并富有浓浓的生活气息，让学生在游戏中多次体验，通过观察、猜测、比较等活动，找出最简单事物的排列数和组合数；初步培养学生有顺序地、全面地思考问题的意识，让学生在活动中感悟数学思想方法。

二、在操作中交流比较，渗透数学思想方法

《数学课程标准》强调：教师是学生学习活动的合作者、引导者、参与

者。而每个学生都有分析、解决问题和创造的潜能，都有一种与生俱来的把自己当作探索者、研究者、发现者的本能。例如，教学四上的烙饼问题，"烙3张饼的最佳方法"是本课的关键也是难点，我通过创设小组的探究活动，引导学生对比，感悟优化的思想。先从易到难，引导学生研究烙的饼数是双数的情况，初步感受解决问题过程中的策略选择的方法。接着研究烙的饼数是单数的情况。这时引导学生进行首次对比：为什么烙2张饼要用6分钟，烙1张饼也要用6分钟呢？让学生明确1张饼要烙两面，1张饼的两面不可能同时放在一个平面（铁锅）上。然后研究烙3张饼的情况，给学生多一点时间操作、交流，进行不同方法的对比、碰撞，感悟优化思想。而5、7张饼的情况，则让学生进行方法的迁移类推，通过观察表格、讨论、交流、比较，在活动中感悟到双数张饼时，因为双数都可以分成若干个2，所以可在2张饼的时间上翻倍计算，而当饼数是单数时，因为3以上的单数都可以分成1个3和若干个2，所以在烙3张饼的时间上加上烙若干个2张饼的时间即可。学生在活动中通过小组合作、操作尝试，初步体验和感悟优化思想。

三、在不同方法中，让不同层次的学生体验数学思想方法

《数学广角》主要是向学生渗透数学思想方法，因此，要防止把《数学广角》上成奥数培训。那么，怎样让每一个学生都能体验"数学思想方法"呢？《数学课程标准》指出：数学教育要面向全体学生，实现人人学有价值的数学；人人都能获得必需的数学；不同的人在数学上得到不同的发展。因此学生学习起点的不同要求我们在教学中不同对待。例如，有位教师在教学三年级上册稍复杂的排列组合时，刚出示例1，就有学生看出两件上衣搭配三件下装有6种不同的搭配方法，可有的学生却一脸茫然。这时，这位教师就对知识技能目标进行分解，对学习能力较差的学生让他们摆一摆图片，在摆中数出方法，对学习能力一般的学生让他们连一连，对能力较强的学生启发他们算一算。这样，就可以较好地处理面向全体与关注差异的关系，确保每个学生都有所收获。

总之，"数学广角"的教学要体现"以学生为本"，突出主体，把握目标，让学生经历数学知识的形成过程，把数学思想方法贯穿始终，体现数学的价值，增强应用数学的意识，为学生的终身发展奠定基础。

数学课堂上学生思考力的培养

数学学科体现出了思维由具体到抽象，由简单到复杂的趋势。问题由易到难的不断变化，使得数学对于学生们的要求越来越高，对于抽象逻辑思维能力较弱的学生来说，问题难度的加大，很大程度上导致了他们不能够沿着正确的方向有序地思考，随之而来的是他们对数学学科兴趣的减弱，思考能力停滞不前，进而逐渐丧失了学习的信心。就现阶段而言，课堂仍是学生获取数学知识的一个主渠道，教师应注重学生在数学学科中的这一普遍现象，有的放矢，帮助学生构建良好的数学思维习惯，提升数学学习的思考力，使不同的学生得到不同的发展。那么数学课上，如何提升学生的思考力？非常重要的因素之一，就是教师能把握数学学习的关键词，设计有层次、有深度、有生成，能激发学生数学思考的教学过程，以此引发学生生成出一些清晰而生动的观点，激活学生的想象力，唤醒学生的思考力。

基于小学生的心理特点和认知规律，我们可以从以下几个方面提升学生思考力。

兴趣是一种持久的动机，唯有热爱数学，才能对数学有持久的热情，才能去克服和战胜学习过程中遇到的种种困难。学生在学习数学之初，必须反复了解数学知识的形成过程，逐步学会发现规律，然后在每次发现规律的过程中，逐渐对数学产生浓厚的兴趣。

一、以活动为背景，唤醒学生的思维意识

讲故事、做游戏、猜谜语等活动内容不一定只适合于文科教学，它们也可以作为数学学习的背景材料，使学生进入最佳的学习状态。只有当学生对呈现

出的活动内容感兴趣时，才会主动参与学习，激发探索欲望。

例如：三年级下册第八单元《数学广角—搭配（二）》，我将整节课用"小明的一天"这个故事串起来，用讲故事的形式呈现小明和喜羊羊见面的情境，再利用他们要去游乐场，出门前要打扮的生活常识引出今天的新课主题"搭配"的知识，随即出示教材第102页例2的情境图，提问：一共有多少种穿法？

再让学生利用手中课前准备好的学具卡片，小组合作：动手摆一摆，可以怎样穿？

学生对呈现出的这项活动内容非常感兴趣，积极主动地参与到学习中来，激发了学生强烈的探究欲望。我就这样利用学生感兴趣的故事，使学生进入了最佳的学习状态，也就激发了学生的学习兴趣，唤醒了学生的思考力，收到了意想不到的教学效果。

二、以生活经验为背景，拓宽学生的思维广度

以学生已有的生活经验和感受为出发点，创设一些贴近知识点的生活情境，让学生形成认知结构，引导学生自主探索，合作交流，提高学生的思维发散度。每个学生的智力、生活环境不同，因此教师要善于创设活动，使课堂教学始终处于和谐、融洽的氛围中。

例如：我校周金玉老师上的《比例尺》这节课，在学生已经掌握了比例尺的知识以后，她设计了这样一个练习题："今天谁愿意在课堂上当当小记者，采访一下你的同桌？"（学生的热情顿时高涨，纷纷举手。）然后她出示了这样一道题：国庆长假是旅游的黄金期，请同学们采访一下你的同桌，最向往到哪个大城市去旅游，然后根据你们手中缩小版的地图帮你采访的同学算出实际距离，再告诉被采访的同学。

这个案例中，老师选择了贴近生活的人和事例，使学生深切地感受到运用数学的乐趣，提升了学生学好数学的信心。

三、设置疑问，培养学生的思维深度

"学起于思，思源于疑。"有疑问才能启发学生去参与探索。因此，教师在教学中要精心设疑，创设问题情境，使学生在矛盾及认知冲突中产生强烈的

求知欲望，从而激发学习的兴趣。

例如：在我校周金玉老师《比例尺》这节课的导入部分，她根据本班的学生特点，没有利用教材里面的情境图进行教学，而是设计了学生感兴趣的教学情境。

四、鼓励是激发学生思考力的动力

好学生是夸出来的，对学习的兴趣是通过鼓励得到的。教师的激励、期待、关爱都会激发学生的学习兴趣，树立学生的自信心，促使学生走向成功。课堂中教师们不要吝惜自己的语言，如"在这个问题上你的见解是独一无二的""沿着这个方向去思考，你还会发现很多""老师都没有想到还有这种方法，你来给大家讲一讲吧"……有了这些鼓励，学生想不积极思考都难。

总之，对学生进行思考力的培养，要立足于课堂，功夫要下在课内，并且应当灵活地把它贯穿于各个教学环节。数学教学就是开发、造就学生思考力的过程，是学生以思维的方法去获取知识的过程。重视学生思考力的锤炼，促进学生思考力发展是我们数学教师造就学生数学素质的重要任务之一。

参考文献

[1] 黄爱华. 智慧数学课［M］. 南京：江苏教育出版社，2010.

[2] 黄爱华. 名师新课标落实艺术——小学数学图形与几何卷［M］. 重庆：西南师范大学出版社，2014.

[3] 黄爱华. 名师新课标落实艺术——小学数学统计与概率卷［M］. 西南师范大学出版社. 2014.

[4] 谢桂芳. 如何培养学生的创造性思维能力［J］. 小学数学研究，2009（3）：29-30.

[5] 顾正理. 数学课堂中学生思维滞后的探析与对策［J］. 小学数学研究，2011（3）：48-49.

小学数学深度学习的策略指导探究

随着深度教学在小学教学中的运用，学生在教师引导下找到学习主题，积极投入数学学习，从而获得了较大满足感。深度学习的优势让学生能力提升成为可能，也对数学知识的系统性和掌握程度提出了更高要求。学生不仅需要掌握全面的数学知识，还应该结合各类资源，提升思维能力。但是，传统教学基本无法形成竞争性，导致学生能力单一化。因此，数学教师必须通过深度学习的方法，逐步让学生综合素质得以提升。

一、增强问题引导，形成问题思维

要促使学生形成问题思维能力，必须确保学生已经对相似问题有过了解。教师在教学中应当把握机会，逐步将渗透法引入提问环节，引导学生将心中疑问说出来。例如，在《体积与容积》教学中，教师给出相应标题后，学生本身对二者的概念不清楚。教师可以引入之前学习体积的知识，在这个环节上对学生进行提问，询问学生可以从哪些方面来了解容积，学生就会对其产生思考，提出疑问提出，如容积单温是多少、容积与体积的关系等。在问题的引导下，学生的思想局限性一下被打开，会更加积极地投入生活与学习中，有助于数学教学成效提升。基于小学学生年龄的逐步成长，对事物认知能力增强，教师在问题导入环节中，将提问逐步转变为学生自主提问，通过这样的方式，让学生逐步从教师的制约中走出来，对数学知识的理解也更加深远。

二、强化内在联系，构建知识系统性

数学知识是具有系统性的一门学科，其不同知识间存在着相互联系。在

《做个百数表》教学中，教师先从百数图逐步引入百数表，从直观到抽象过程中，建立了二者联系；也可以通过学生展示自己的位置，引起学生对其产生浓厚兴趣，有助于学生形成理性思考，更好掌握数学知识的规律。最终，教师结合拍照等方式让学生去寻找数字，发挥工具作用，从而形成知识的系统性。教师应当注意到，数学课堂一直都存在着知识联系性，通过对旧知识的复习可以很快找出新知识。除内部联系外，教师也要注重外在联系，引导学生积极将理论数学用于生活实践中。例如，在《表面积的变化》一课中，案例给出了不同选择的方式，以及折叠的办法，学生可以思考哪种方法获取的表面积最大。通过对多样化策略的实施，大部分学生都在主动探索面积最小的问题。结合教师引入生活案例，学生明白包装物并不是越小越好，而需要考虑到节约、美观等问题，从而让其体会到数学的魅力。

三、积极沟通交流，促使个性化发展

学生的生长环境以及家庭环境不同，在数学学习中就会出现不同层次的需求。教师通过合理引导，让学生开启思考的能力，促使学生个性化发展。在教学《两位数加减法》时，教师根据学情让学生组合成小组进行探究，形成对两位数加减法的不同认识。数学知识的学习最终是为了解决现实问题。学生通过对系统数学知识的学习，面对生活问题会产生疑问，对其进行逆向思考。例如，在教学《体积与容积》时，教师提供了很多器材，有量筒、容器、水等，让学生逐步认识到升和立方分米的一致性。在接下来验证厘米和立方厘米时，学生又提出了新的验证办法——通过进率推理来探究二者关系。教师应该引导学生积极探索未知的领域，有助于学生进行追根溯源，在探索中感受数学知识产生的过程，逐步培训学生深度学习的习惯。

四、结束语

针对小学教学，教师应当认识到深度学生的重要性，也应关注到学生认知能力弱、思维没有完整形成、好奇心很强等属于学生当前的固有特点。因此，要实现深度学习，必须引起学生注意，从而增强课程教学效率，有助于活跃课堂气氛。教师通过问题引导，逐步促使学生形成问题思维；丰富提问方式，让学生逐步对问题深入研究；强化知识内在和外在的联系性，有助于学生通过不同知识来解决相关问题，以此实现数学深度学习。教师也应该加强与学生的交流沟通，让学生可以自主提问，从而激发学生的求知欲，以此确保数学深度学习的实现。

参考文献

［1］曾晓宏.小学数学课堂学生深度学习的有效性探究［J］.中学生作文指导，2021（36）：182.

［2］赵霞，吴秀丽.小学数学深度学习的教学意义和策略探究［J］.试题与研究：教学论坛，2021（7）：85.

小学数学课堂中活动的重要性

《数学课程标准》强调，教学不只是教师教，学生学，也是师生、生生之间互动的一个过程。那么，如何使数学课堂变得生动、有趣呢？就要以课堂的活动为抓手，逐渐培养学生的动手能力和积极参与度。

一、做数学课堂的引路人

数学教师普遍有这样一个心理状况：倾囊相授，毫无保留，生怕学生犯错。也正因为如此，学生失去亲身体验的机会，当然，学生实现自我价值就更难了。学生要在课堂达到思维碰撞的效果，教师是关键。教师应做好引路人，带着活动、兴趣、智慧进课堂，而非一连串的问题。例如，在《三角形的面积》一课，教师有序地组织学生进行小组合作对三角形进行拼接、裁剪。这样，活动中每个小组的成员在享受过程的同时，都会表达出自己的想法。老师追问："你们拼成的或剪成的图形，是如何来求它们的面积的？"同学们争先恐后，各抒己见。只要让学生亲身体验了，才能把知识内化。

二、让学生学习变成一种需求，激发学习动机

学生是充满情感和存在个性差异的，是富有智能潜力的个体。如果仅仅是一味地"满堂灌"，毫无疑问，学生就像是机器批量生产的产品。学生只有在学习中有了需求，才会产生学习的动机。而要使得学生人人参与、个个展示，必须有活动的支撑。

（一）诱发学习的需求

在小学数学课堂中，教师应该结合学生学情、心理特征，设计问题环节，

给学生提供自主探索的机会。例如，教师在上《扇形统计图》时，可以利用平时生活中常见的东西——水，通过调查研究获取数据来引入本节课的学习，通过对条形统计图的研究，让学生找其优点的同时也发现其缺点的存在，从而针对其缺点让学生自己引出对学习扇形统计图的需求。又如，我在课堂上通过让学生们与我要木条、要面，搭建长方体、正方体，当然，所要的数量都是经过同学们深思熟虑以后得来的，从而使学生深刻感知其特征。由此，学生们学到的是一种方法，而不是一堆概念和公式。这样，他们有了需求，有了主动学习，学生也就成了学习的主人。

（二）寻求生活中的数学，激发学生学习兴趣

教师在教学的过程中会发现固定的模式在久而久之的学习生活中，令学生产生疲倦和厌学的心理。这时候寻求生活中的数学则会很好地激发学生的学习积极性，课堂效果自然也就好了。例如条形统计图的相关知识学完以后，教师完全可以放手让学生自己在生活中体验数学，即每人可以做一个调查问卷，以及对相关数据的整理，可以对家里每月用电量做一个统计，也可以对生活用水做一个简单的统计，甚至对每月在用电用水的开支上也可以做一个明确的统计，做完以后绘制统计图并且对相关的数据进行分析，明白生活中我们应该节约用电用水。有了这样的数学活动，知识显得更接地气，从而也增加了学生学习的兴趣和综合实践能力。

三、摆脱生活的数学是不完整的课堂

在课堂中我们往往出示一些课本中的数学问题，同学们总是能够轻而易举将其解决，但往往出现一些生活操作题时，学生倒显得手足无措。这就说明教师在教学过程中，忽略知识与生活的联系。这样的教学是脱离生活的。数学的学习就是建立在我们已有的认知和经验的基础上，融合生活的味道，学生们学到的也才能学以致用。

（一）抽象的数学概念，源于生活

让课堂活动步入生活，让生活走进抽象的"数字""概念"和"公式"的数学。教师要帮助学生进行一些简单的数学建模，以此让学生对抽象概念有深刻地认识。例如，在学习"长方体和正方体体积的计算"时，教师让学生在

家找一些边长为一厘米的正方体块，学生拿来很多，有的将自己的魔方拆卸成小方块，有的拿来切成小方块的豆腐，有的索性用橡皮泥捏了好多小方块，等等。学生们拿了各式各样的小方块，自然而然对这节课便有了浓厚的兴趣。我让学生们自己去摆长方体或正方体，并记录学习单。学生在边摆边数的过程中记录了长方体的体积与小方块数量以及长方体的长、宽、高之间的关系，从而将数学中最为抽象的公式独立提炼出来。学生通过多种实例，从感性认识上升为理性认识，对于概念本质属性的理解和概括也会更加明朗。

（二）从书本中走出来

在长此以往的学习中，学生容易形成定式思维，也就是我们常说的不开窍。这会使学生在思想上、做事的方式方法上越来越固化、陈旧化。而新的教学大纲指出，数学的学习就是要源于生活，用于生活。因此，在教学中，教师要让学生脱离书本，真正意义上从书本中走出来，结合实际，做到学以致用。例如，学了植树问题以后，教师可以要求学生在家里种蒜苗，分析3米的距离每20厘米栽一棵最多能栽几个或最少能栽几个，等蒜苗长出来以后搜集每隔一米后的成活率并将收集来的数据填入统计表，画出相关的统计图，从中读取数据，等等。

总之，新课程要打破以往的封闭式教学，让学习开放化，让学生的认识开拓化，让小学数学课堂永远充满丰富的想象，让学生们试着在生活中寻找数学、发现数学、探究数学。由此，学习数学再也不会枯燥乏味了，因为它与兴趣相伴，与实践为伍。师生也能共同体验出"自我"的价值，构建起自己丰富的精神世界。

兴趣与自信是学生成长的基石

随着科技的发展和社会的进步，人们对于一个人的优秀程度的评价标准也在不断转变，不再唯分数论英雄，更多的话题转入核心素养与综合能力，可见，素质教育的理念正逐渐地深入人心。那么，在数学教学中，我们该如何培养学生的综合能力，我想，兴趣与自信是最不可或缺的因素。

一、兴趣，让学生保持前进的动力

兴趣是最好的老师，兴趣亦是学生保持前进的动力，带着兴趣上路，往往会起到事半功倍的效果。直观反映，就是学生的成绩变化，客观反映，就是学生的学习积极性与他们的主观能动性。

今年我带六年级的数学，开学第一周，我便发现班级的学生们作业很认真，书写很整齐，可是上课的时候却毫无生气，对于数学学习并不是很上心，而从他们上学期的数学成绩来看也是一塌糊涂。为了改变这种情况，我思考了许多，并制订了一些方案。首先，我以数学乐园展开新课，通过猜谜语、闯迷宫、开宝箱、逛三园等形式使学生们对数学保持一种神秘而又新鲜的感觉，让学生们有探索的欲望与动力。其次，我通过多元化的语言评价加上每周的学习用品奖励，提升学生个人与小组的竞争意识，从而转化为学习数学的兴趣。同时，我发现学生们对于未知的数学充满好奇的同时却也充满担忧，尤其是对一些抽象的概念或者单调乏味的推理，学生们缺乏兴趣，但是对于一些图文类的展示课，却充满激情与活力，我明白了：直观、形象的东西更能引起学生的注意。于是，在每一章节的起始或者概念性的教学课堂，我加入了教具和多媒体直观展示，尽量创设生动、逼真、形象的教学情境，一段时间后，我发现学生们不仅思维更加灵活，而且对于这样的课堂充满期待，他们的兴趣被调动起来的同时也激发了学习的欲望，调动了学习数学的积极性。最后，在作业布置上，我大胆尝试，改变千篇一律的公式化作业，让学生们将动手与动脑相结合，通过撰写数学日记让学生们发现数学间的相互联系，通过制作数学知识小报提升学生们对于知识的概括与总结的能力。总之，我将枯燥的数学转化为具有一定挑战但又难不倒学生们的实践活动，给学生们充足的时间让他们去体验，去感受，领会知识的魅力，感受数学知识的形成过程，了解数学文化的背景渊源。就这样，经过一学期的努力，学生们对我的认可程度越来越高，对于数学的学习兴趣也越来越浓厚。

二、自信，让学生开启明天的希望

如果说兴趣是最好的老师，决定了学生的今天，那么自信就是飞翔的翅膀，决定了学生的未来。教师对学生自信心的培养，能引起学生的积极响应，并转化为学习的动力，从而提升他们学习的积极性。

在我新接手的六年级，有一名智力一般的学生，她学习数学十分吃力，平时交的作业中错题也很多。家长对此十分着急，每天为她进行辅导，可是举一反三，仍会出错，逐渐养成了各种不良习惯。为了改变学生的学习习惯，我将她列入了每日观察名单，通过一段时间，我了解到：这个学生以前学习还是十分努力的，在学校算是一个乖学生，但是随着课程的增加与难度的加大，她开始有些力不从心了，久而久之，她对数学的自信逐渐下降，即使做对，上课也不敢轻易发言，如果一道题，她说出答案后，有其他学生提出质疑的话，无论对错她都会否定自己的见解。就这样，她不再敢于争辩，反而开始人云亦云。为了打破学生的心理枷锁，鼓励她勇于面对困难，帮助她克服心理障碍，我根据不同的学习基础，每天布置两份作业，一部分进行强化提高，而对她则重点进行巩固性的基础训练。我每天给她布置口算习题，从基础训练中逐步加强她对于算理的理解与算法的掌握，除了这些，我常常鼓励她去独自完成作业，培养她的思考力，而当她作业全对时，我都在她的作业本上写上鼓励的话语。还有，我在上课的时候，看到她做对的习题，让她上讲台展示自己，锻炼她的语言表达的同时培养她的自信。经过一段时间，我发现，她从刚开始的怀疑到后来的迟疑，再到最后的肯定，她的自信心逐渐树立起来了。接下来在单元知识测验前，我首先给她呈现了三类题型，先让她做基础知识巩固题，加深她对于知识的掌握，同时增强她的自信，然后让她做变式训练提高题，使她对于知识的理解有更加清晰地认识，最后让她做易错题，并让她去讲解每一道题所涉及的知识点，加强她对于知识间关系的理解。总之，这三类题型的加入，使她对知识的理解更加深刻。在之后，我组织进行了单元检测，一天后成绩出来了，有人欢喜有人愁，但是，我发现她的成绩却有了一定的提升，她的脸上也露出了灿烂的笑容。

　　以这个学生为例，在教学过程中，我还为其他学生制定了适合他们的学习方法。让他们都能发挥所长，更加自信。

三、让学生在兴趣与自信中展翅高飞

　　一句鼓励的话语，一份甜美的笑容，一个赏识的眼神，都会对学生产生不同程度的影响。给学生一份肯定，学生将会以更加自信的目光面对一切。只要我们持之以恒，以培养学生学习的兴趣为目标，遵循学生的发展规律，搭建学生展示自我的平台，使学生体验成功的喜悦，用赞赏的眼光看待学生，我相信，你看到的将会是学生最美的明天。

第六章

学科融合

文成小学"红军长征"综合实践活动方案

一、主题分析

本课程利用学生已学过的知识去了解红军二万五千里长征的历史，用数据记录，用计算描述，用对比分析，评价，用想象创新，综合运用数学知识，在实践研究中体会红军长征走过的路，吃过的苦，打过的仗，用过的武器。让学生从数学的角度体验长征的艰辛和伟大，加强数学与语文、历史、科学、思品等学科的联系，体会数学知识之间的内在联系，感受数学的内在魅力，体会数学的价值。让学生在数学活动中学习红军艰苦奋斗的精神，将吃苦的劲运用到生活和学习上。

二、主题规划

本次活动是在中国共产党建党一百周年、红军长征胜利85周年的背景下，我校提出的一项综合实践活动。本次活动适合五年级学生。本次活动将综合运用数学知识——位置与方向、统计与概率、排列与组合等相关知识，围绕红军长征走过的路，长征吃过的苦，长征打仗用的武器这3个主题开展数学综合实践活动，从数学的角度来描述长征，让学生更全面地了解长征之路的艰辛与伟大，体验长征精神。本课程分3课时：第1课时"红军长征走过的路"，第2课时"红军长征吃过的苦"，第3课时"红军长征打仗用的武器"。

三、活动安排

第1课时：红军长征走过的路

本活动要求：

（1）请学生与父母一起利用电子地图和计步软件进行测量计算长征各阶段路程，并收集步数以完成学习单（图6-1）。

（2）通过路程与时间的计算，得出长征中红军战士的行军速度，并把计步软件统计的数据与红军日均行程数据进行对比，计算汽车、高铁、飞机三样交通工具完成长征的路程所需要的时间，与红军步行时间做对比（图6-2）。

"长征之路"体验活动学习单

班级：　　　　姓名：

一、长征主要路线。

瑞金→遵义→胶平渡→安顺场→泸定桥→雪山草地→毛儿盖→静宁→吴旗镇→会宁

（瑞金：江西省　湘江：湖南省　遵义：贵州省　泸定桥：四川省

腊子口：甘肃省　会宁：甘肃省）

二、长征的路线非常复杂，蜿蜒曲折，需要跨越崇山峻岭还要突破反动军队的层层围堵，仅从图上观察，可以看出是先向西行进，再拐弯向东北方向。长征的总行程是多少呢？我们来算一算。（路程我们使用千米作单位，估算成整千米数进行计算就可以了）

瑞金到遵义，电子地图显示为（　　　）千米。

遵义到金沙江，电子地图显示为（　　　）千米。

金沙江到泸定桥，电子地图显示为（　　　）千米。

腊子口到会宁，电子地图显示为（　　　）千米。

请计算出总路程。

三、长征一共多少天？红军日均行程多少？

图6-1

> **"长征之路"体验活动学习单**
>
> 班级：　　　　　　　姓名：
>
> 1.操场一圈350米，（　　）圈是1千米。
> 2.大概估算一下，在正常步伐下，你走1米大概需（　　）步。
> 3.正常步伐下，你走一圈需要（　　）步。走1千米（3圈）约（　　）步。
> 4.计算12500千米相当于操场多少圈？
> 5.计算12500千米需要走多少步？
> 6.计步软件显示父母日均行程（　　）步，一天走（　　）千米。
> 7.搜集汽车、飞机、高铁的速度，计算这三样交通工具完成长征路程所需要的时间。

图6-2

第2课时：红军长征吃过的苦

本课时活动安排：

（1）自己在网上看视频，了解红军长征中吃的食物。

（2）请看某学校某天午餐食谱。（表6-1）

表6-1

周五	主食
高汤土豆茄子 椒油菜花 焖烧鸡腿 鱼排	米饭 馒头 火烧

请你自由搭配午餐，并算出自己搭配的午餐的总热量和总脂肪量。

（3）请利用学过的统计与分析等知识，将红军的午餐与10岁儿童标准午餐，与自己搭配的午餐的营养量进行三个维度的对比。（表6-2）

表6-2

名字	菜名编号	热量/千焦	脂肪/克
营养标准	标准午餐	≥2926	≤50
红军	青稞面		
自己搭配的			

（4）请观看健康小知识微视频，了解健康小知识，想象如果穿越时空，给红军配送午餐，你会怎么安排和搭配？我为红军设计的午餐见表6-3。

表6-3

菜名编号	热量/千焦	脂肪/克
汇总		

第3课时：红军长征打仗用的武器

课时活动安排：

（1）请收集有关红军长征过程中经历过的重大战役和使用的武器的资料，运用统计、整理记录下来。

（2）观看微视频，了解长征八大著名战役及打仗使用过的武器，分别计算出长征时期、解放初期、现代时期中部分武器的数量、射程、种类，并编成条形统计图，根据数据谈一谈自己的感受。

四、活动总结

总结本次活动开展的特点以及取得的成效。

五、具体安排

活动年级：五年级。

活动执行人：杨学萍、许承荣、祁兰兰、徐慧。

活动时间：5月1日—5月8日。

活动说明："五一"期间学生进行实践（要有活动照片），五月6、7、8日由各班数学老师组织学生展示（要有活动照片），各班数学老师对班级内学生的收获及活动效果编写成文字，跟班级活动照片一起打包交杨学萍处。

活动总结由杨学萍负责收集整理。

用数据记录百年荣光

——"红军长征"综合实践活动简报

红军长征综合实践活动是在中国共产党建党一百周年、红军长征胜利85周年的背景下，我校提出的一项适合五年级学生的综合实践活动。本次活动综合运用数学知识让学生从数学的角度来描述长征，让学生更全面地了解长征之路的艰辛与伟大，体验长征精神。

"五一"假期前一天，五年级几位老师经过讨论、商量，将此项活动合理定位，让学生在假期观看视频、实地实践，在实践研究中体会红军长征走过的路，吃过的苦，打过的仗，用过的武器。

经过假期的实践，回到学校后，五年级几位老师又组织学生对3个主题活动进行交流。在交流的过程中，学生们介绍了长征过程中的八大战役，知道了红军过雪山、草地吃过的苦，分享自己的感受。

本次活动通过红军长征走过的路、长征吃过的苦、长征打仗用的武器这3个实践活动，让学生用数学的眼光，从数学的角度去体验、感受长征精神，取得了很好的效果。

这次活动加强了数学各部分知识间的联系，加强数学学科与其他学科的综合应用。这次活动将学生置于动态的学习环境中，充分发挥了学生的主体作用，在宽松融洽的氛围中，开展多角度、多层次、多侧面的开放式探究。这样的学科整合活动把学生的外部与内部的数学思维紧密结合起来，不但调动了学生的学习积极性和主动性，而且综合了学生所学的各科知识，提高了综合素质。

本次活动以学生所学的数学知识为基础开展综合实践活动，拓展知识范围，延伸知识领域，让学生深化对数学知识的认识。学生用调查来的数据或事例解决自己的食物热量摄入与流失、红军的热量摄入与消耗等问题，将红军打仗用过的武器数量、射程威力等情况绘制成条形统计图进行数据分析……体现了知识的融合、方法的沟通、应用的广泛，促进问题意识、运用意识的提高，实践了数学应用。

此次活动鼓励学生积极体验长征之路，通过实地测量、记录、预算等过程，汇报他们的感触和成果。在这次活动中，学生体验到了数学在生活中的应用价值，培养了合作动手能力和综合运用数学知识的能力，解决了实际问题，体验了长征的艰辛。

本次活动让学生从数学的角度体验了长征的艰辛和伟大，加强了数学与其他学科的联系，体会了数学知识之间的内在联系，感受到了数学的魅力和数学的价值。

探究性作业设计

促进思维发展的探究性作业重在通过特定的问题，展现思考和探究的过程，以引导学生在完成作业的过程中进行发现、追问、调查、探究、质疑、评价、联结等活动。在作业过程中，学生基于自身知识经验将自己的审题所得、思维困惑、知识理解、答案寻求过程等显性化，其高阶思维得到发展。

学生只有展现出自己的思考过程，才能让思维被看见，被自我审视、自我解读、自我提升；才能让老师读懂学生，从而真正做到因材施教，有效提升教学效率。

以下为学生的探究性作业设计：（图6-3～图6-15）

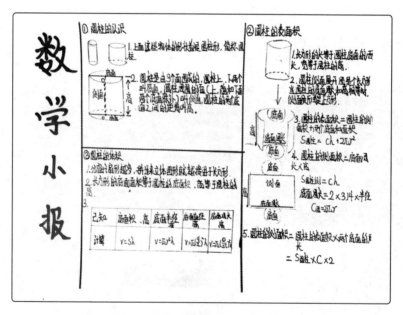

图6-3

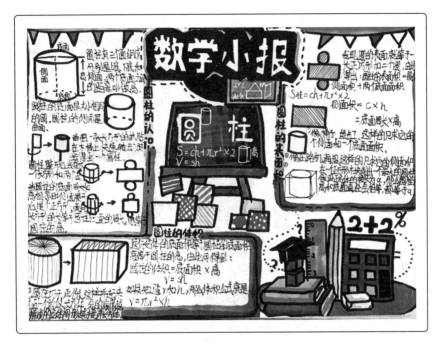

图6-4

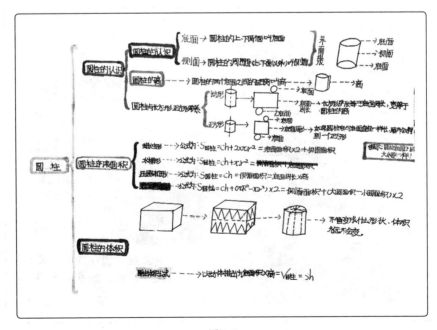

图6-5

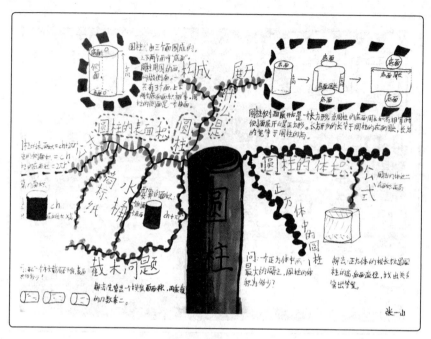

图6-6

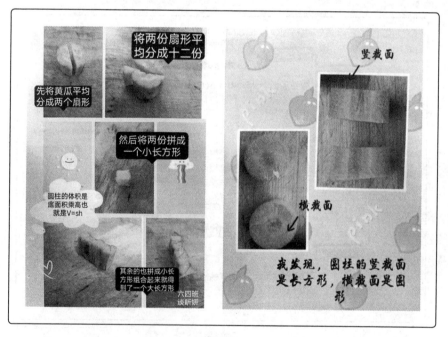

图6-7

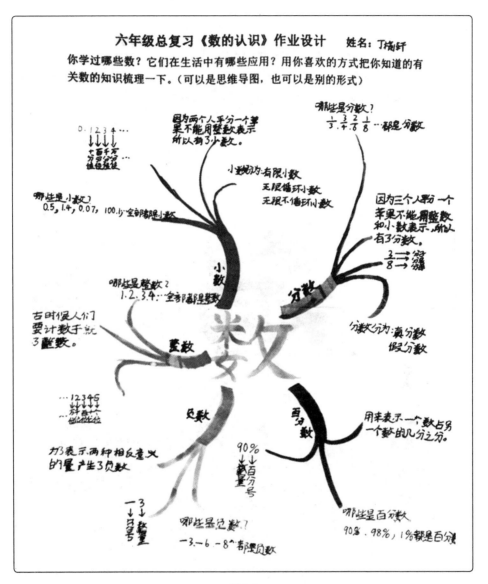

图6-8

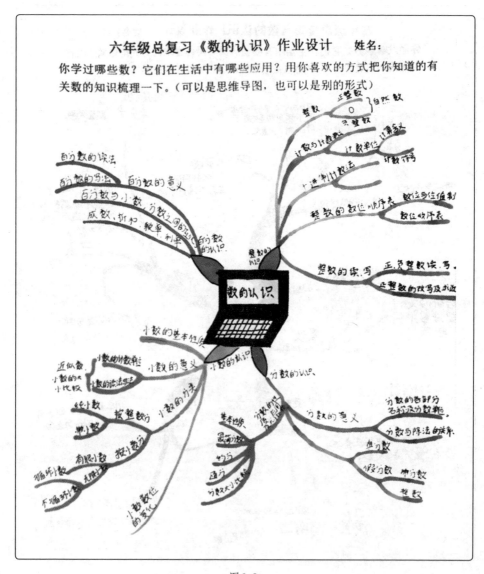

图6-9

《正比例和反比例》作业　　姓名：汪稔桉

你判断正比例和反比例的秘诀是什么？能举例说明吗？

正比例

1.我判断正比例的秘诀.
一、看比值.
如果两个比的比值相等,它们就成正比例.
比如:

$$9:6 \quad 和 \quad 15:10$$
$$9:6 = \frac{3}{2}$$
$$15:10 = \frac{3}{2}$$
$$9:6 = 15:10$$

它们是正比例.

二、看内项和外项.
如果两个内项相乘等于两个外项相乘它们就是正比例
比如:

$$9:6 \quad 和 \quad 15:10$$
$$6 \times 15 = 90$$
$$9 \times 10 = 90$$
$$9:6 = 15:10$$

它们是正比例

这儿有点不太理解

三、看图象.
正比例的图象是直的,如果图象是直的就是正比例
比如:

长	宽
9	6
15	10

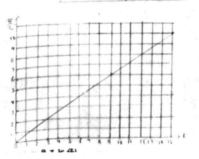

反比例

2.我判断反比例的秘诀.
一、看乘积.
如果两种相关联的量一种量在变,另一种量也随着变化,如果这两种量中相对应的两个数的乘积一定,就是反比例.
比如:

把相同体积的水倒入底面积,和高不同的杯子.

杯子的底面积/cm²	10	15	20	30
水的高度/cm	30	20	15	10

$$30 \times 10 = 15 \times 20 = 20 \times 15 = 30 \times 10 = 300$$
$$30 \times 10 = 300$$

它是反比例.

二、看图象.
反比例的图象是曲线.

高度/cm	60	30	20	15	10	5
底面积/cm²	5	10	15	20	30	60

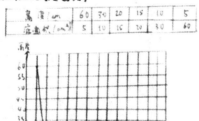

它们是反比例.

图6-10

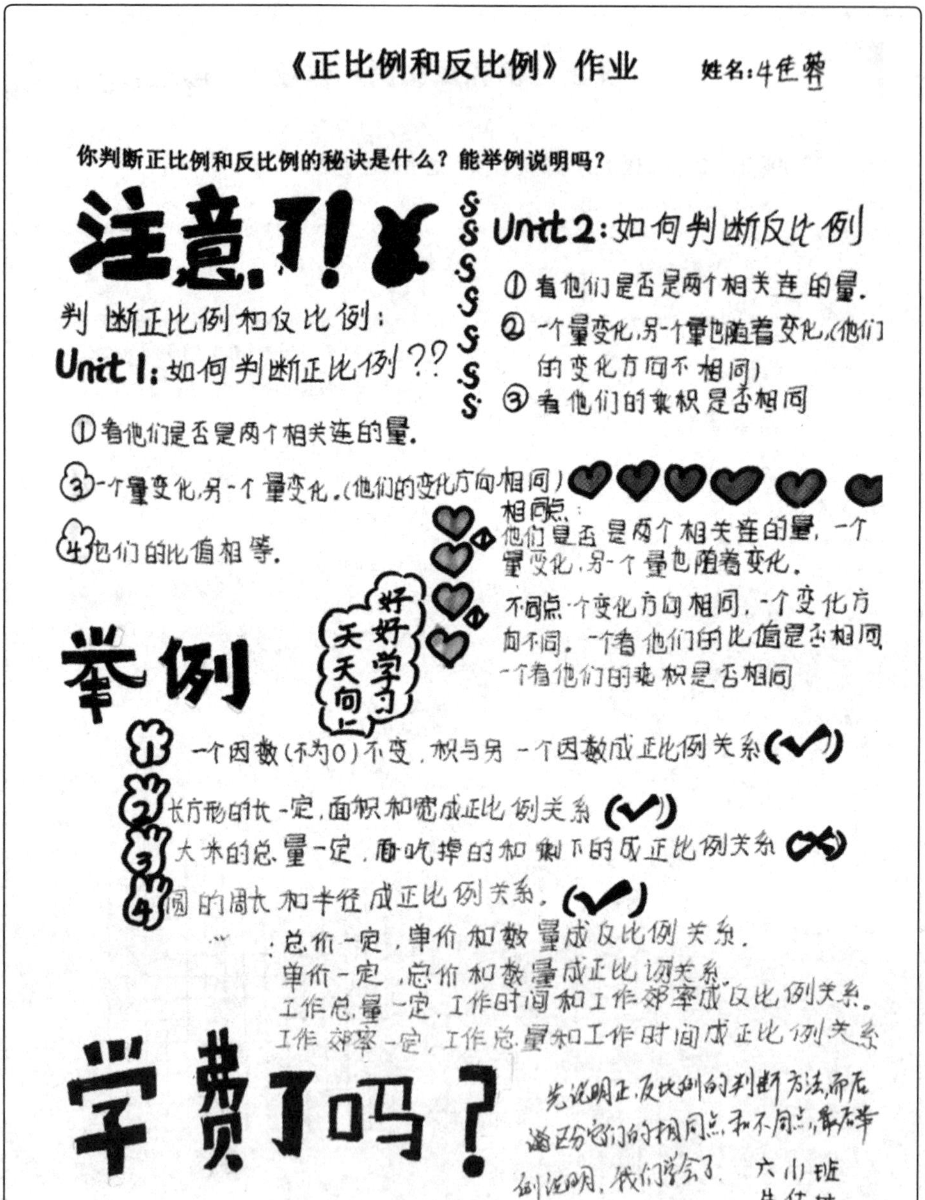

《正比例和反比例》作业　　　姓名：牛佳蓉

你判断正比例和反比例的秘诀是什么？能举例说明吗？

注意了！！

判断正比例和反比例：

Unit 1： 如何判断正比例？？

① 看他们是否是两个相关连的量.

③ 一个量变化,另一个量变化.(他们的变化方向相同)

④ 他们的比值相等.

举例

好好学习
天天向上

S S S S S S Unit 2： 如何判断反比例

① 看他们是否是两个相关连的量.

② 一个量变化,另一个量也随着变化.(他们的变化方向不相同)

③ 看他们的乘积是否相同

相同点:
他们是否是两个相关连的量,一个量变化,另一个量也随着变化

不同点:一个变化方向相同,一个变化方向不同.一个看他们的比值是否相同,一个看他们的乘积是否相同

① 一个因数(不为0)不变,积与另一个因数成正比例关系(✓)

② 长方形的长一定,面积和宽成正比例关系(✓)

③ 大米的总量一定,每吃掉的和剩下的成正比例关系(✗)

④ 圆的周长和半径成正比例关系.(✓)

⋯ :总价一定,单价和数量成反比例关系.
单价一定,总价和数量成正比例关系.
工作总量一定,工作时间和工作效率成反比例关系.
工作效率一定,工作总量和工作时间成正比例关系

学费了吗？

先说明正反比例的判断方法,而后
通过区分它们的相同点和不同点,靠举
例说明,我们学会了.　六小班
　　　　　　　　　　牛佳蓉

图6-11

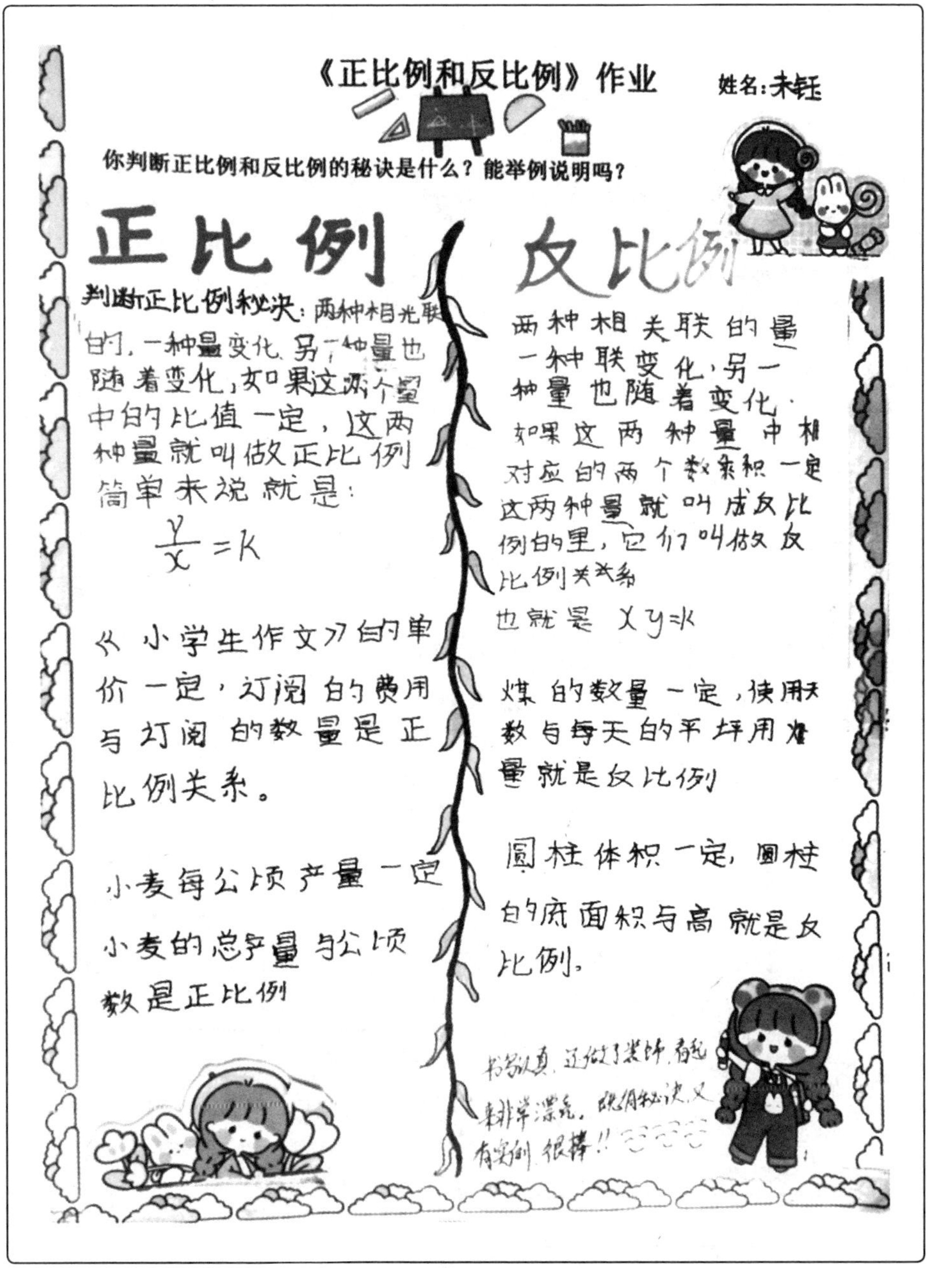

《正比例和反比例》作业　　　　姓名：朱钰

你判断正比例和反比例的秘诀是什么？能举例说明吗？

正比例

判断正比例秘诀：两种相关联的，一种量变化，另一种量也随着变化，如果这两个量中的比值一定，这两种量就叫做正比例简单来说就是：

$$\frac{y}{x} = k$$

《小学生作文》的单价一定，订阅的费用与订阅的数量是正比例关系。

小麦每公顷产量一定小麦的总产量与公顷数是正比例

反比例

两种相关联的量一种联变化，另一种量也随着变化，如果这两种量中相对应的两个数乘积一定这两种量就叫成反比例的量，它们叫做反比例关系

也就是 $xy = k$

煤的数量一定，使用天数与每天的平坪用煤量就是反比例

圆柱体积一定，圆柱的底面积与高就是反比例。

书写认真，还做了装饰，做得非常漂亮，既有秘诀又有实例，很棒！！

图6-12

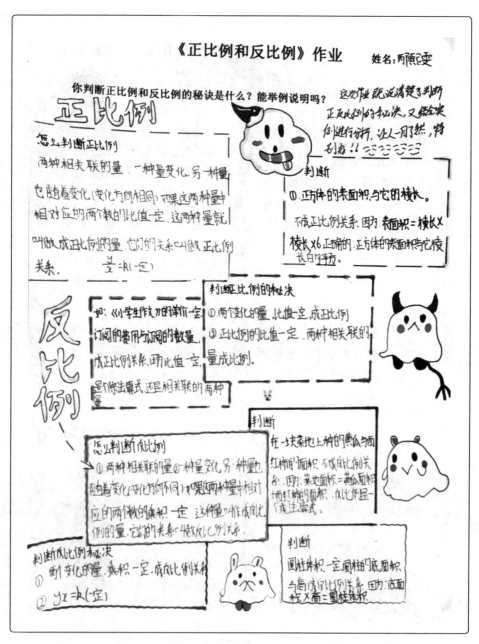

图6-13

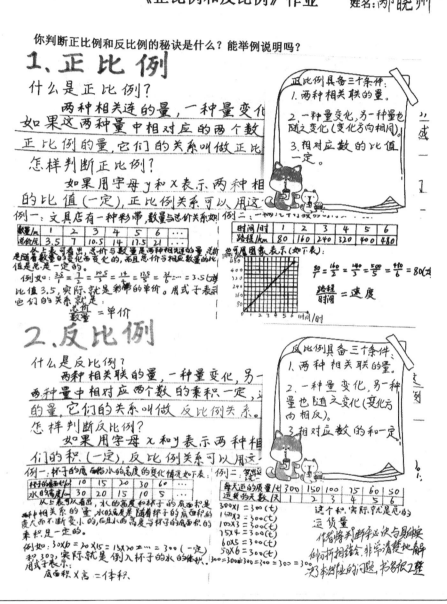

图6-14

《正比例和反比例》作业　　姓名: 邢晓州

你判断正比例和反比例的秘诀是什么? 能举例说明吗?

1. 正比例

什么是正比例?

　　两种相关连的量, 一种量变化, 如果这两种量中相对应的两个数 正比例的量, 它们的关系叫做正比 怎样判断正比例?

　　如果用字母 y 和 x 表示两种相 的比值(一定), 正比例关系可以用这

正比例具备三个条件:
1. 两种相关联的量。
2. 一种量变化, 另一种量也随之变化(变化方向相同)。
3. 相对应数的比值一定。

例一: 文具店有一种彩带, 数量与总价关系如

数量/m	1	2	3	4	5	6	…
总价/元	3.5	7	10.5	14	17.5	21	…

从上表可看出, 总价与数量是两种相关连的量, 总价
是随着数量的变化而变化的, 而且总价与相对数量的比
值是总是一定的。
例如: $\frac{3.5}{1} = \frac{7}{2} = \frac{10.5}{3} = \frac{14}{4} = \frac{17.5}{5} = \frac{21}{6} \cdots = 3.5$ 从
比值3.5, 实际就是彩带的单价。用式子表示
它们的关系就是:
$$\frac{总价}{数量} = 单价$$

例二: 一辆

时间/时	1	2	3	4	5	6
路程/km	80	160	240	320	400	480

也可用图象表示(如下表):

$\frac{80}{1} = \frac{160}{2} = \frac{240}{3} = \frac{320}{4} = \frac{400}{5} = \frac{480}{6} = 80($一

$$\frac{路程}{时间} = 速度$$

2. 反比例

什么是反比例?

　　两种相关联的量, 一种量变化, 另一
两种量中相对应两个数的乘积一定,
的量, 它们的关系叫做 反比例关系。
怎样判断反比例?

　　如果用字母 x 和 y 表示两种相
们的积(一定), 反比例关系可以用这

反比例具备三个条件:
1. 两种相关联的量。
2. 一种量变化, 另一种量也随之变化(变化方向相反)。
3. 相对应数的和一定。

例一: 杯子的底面和水的高度的变化情况如下表:

杯子的底面积	10	15	20	30	60	…
水的高度	30	20	15	10	5	…

从上表可以看出, 水的高度和杯子的底面积是
两种相关系的量, 水的高度是随着杯子的底面积的
变大而不断变小的, 而且水的高度与杯子的底面积的
乘积是一定的。
例如: $30 \times b = 20 \times 15 = 15 \times 20 \cdots = 300$ (一定)
积300, 实际就是倒入杯子的水的体积。
用式子表示:
$$底面积 \times 高 = 体积。$$

例二: 运一

每天运的质量/t	300	150	100	75	60	50
运货的天数/天	1	2	3	4	5	6

$300 \times 1 = 300$ (t)
$150 \times 2 = 300$ (t)
$100 \times 3 = 300$ (t)
$75 \times 4 = 300$ (t)
$60 \times 5 = 300$ (t)
$50 \times 6 = 300$ (t)
$300 = 300 = 300 = 300 = 300$

这个积, 实际就是总
运货量

作者将知识必次与例题
例为折拆相结合, 非常清楚地解
决本内容的问题, 书写很工整

《正比例和反比例》作业　　　　姓名：刘佳琦

你判断正比例和反比例的秘诀是什么？能举例说明吗？

什么是正比例？
什么是反比例？
如果你想知道什么是正反比例的话，
我现在就带你研究！

正比例

我的秘决：

相关联，同变化，比值一定。

比如：

1.

树高/m	2	3	6	…
影长/m	1.6	2.4	4.8	…

$\dfrac{y}{x}$ = K（一定）

树高与影长成正比例关系

2.

n	0	1	2	3	4	…
2n	0	2	4	6	8	…

$\dfrac{y}{x}$ = K（一定）

n 与 2n 成正比例关系

秘诀清楚，总结到位，设计非常巧妙。
真的是第一视图。

反比例

我的秘决：

相关联，反变化，积一定。

比如：

1.

单价	500	600	800	1000	…
数量	24	20	15	12	…

单价×数量=总价
单价与数量成反比例关系

2.

每瓶容量/mL	250	500	750	1500
所装瓶数/瓶	1200	600	400	200

每瓶容量×所装瓶数=总容量
每瓶容量与所装瓶数成反比例关系

图6-15

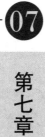

07

第七章

活动简报

把握单元设计　聚焦核心素养

——榆中县文成小学数学组单元主题设计活动纪实一

　　五月，正是春末夏初，温暖的阳光洒进心扉，激荡着心灵深处的温馨诗情。2020年5月14日，文成小学全体数学教师齐聚文美楼多功能室，参加单元主题设计研修活动。本次活动既有全国大师的课例观摩，又有兰州市领衔名师的讲座。（图7-1～图7-2）

图7-1

图7-2

　　首先我们观摩了全国名师贲友林的《长方形、正方形的面积与周长》这节课（图7-3）。

图7-3

　　通过对这节课的观摩，老师们初步认识到单元主题教学的课堂模式在于引导学生从整体入手，整体把握，紧扣单元训练项目，把相关知识联为一条教学线索，使单元整体运转。这种教学模式使学生从单一的课本信息来源变为多渠道、全方位的感知、接受，使他们以主人翁的姿态积极投入到学习活动中去，能更好地锻炼学生的思维能力、表达能力，能促使学生进行深度学习。

之后，兰州市领衔名师榆中县文成小学校长岳小芳作了《深度学习，让数学触及学生心灵》的讲座。岳校长就"什么是深度学习""学校教研活动存在的问题"以及"如何进行单元主题设计"进行了讲解。讲座结合学校教研实际，围绕教师们教学中遇到的问题与困惑展开，非常接地气，使教师们受益匪浅。岳校长一针见血地指出当前教研活动的弊端，主要以"三课"（备课、观课、研课）活动为主，如教师忽略了课时与课时之间的关联，很少开展单元主题活动，等等。她提出深度学习是发展学生核心素养的有效途径，有助于发展学生的高阶思维；指出教学内容结构化研究需要加强，并就如何进行单元主题设计进行了"手把手"地指导式讲解，使老师们豁然开朗，对深度学习以及单元主题教学设计有了更深刻地认识。小学数学深度学习就是在教师引领下，学生围绕着具有挑战性的学习主题，全身心积极参与、体验成功、获得发展的有意义的数学学习过程。在这个过程中，学生开展以从具体到抽象、运算与推理、几何直观、数据分析和问题解决等为重点的思维活动，获得数学核心知识，把握数学的本质和思想方法，提高思维能力，发展核心素养，形成积极的情感、态度和正确的价值观，逐渐成为既具独立性、批判性、创造性，又有合作精神的学习者。深度学习的教学设计重点在于精心设计问题情境和学习任务，引发学生认知冲突，组织深度探究的学习活动。单元主题设计就是围绕一个单元或一个领域的教学内容进行的教学设计。单元主题设计注重知识的横向联系。开展单元教学设计，可以使一个单元不再被分割，使一个单元内的各个课时计划体现一定的完整性、思想性和艺术性，可以提升教师自身的专业教学技能。

最后教学研究中心主任杨学萍提出了本次活动的研修任务，培训完之后，各级选一个单元或一个主题，每位教师进行自主设计，5月21日进行教师单元设计展示，5月22日对本次活动进行反思、总结。

本次培训活动引发了教师们的思考。我们应努力改进课堂教学，整体考虑知识与能力、过程与方法、情感态度与价值观的综合，加强教学内容的整合，统筹安排教学活动，注重学生数学活动经验的积累、数学思维的发展和解决问题能力的培养，从而促使学生数学核心素养的提升。

再研单元设计　走向核心素养

——榆中县文成小学数学组单元主题设计活动纪实二

"问渠哪得清如许，为有源头活水来。"2020年5月21日，文成小学全体数学教师齐聚文美楼三楼会议室，参加单元主题教学案例分析活动。本次活动岳校长不仅对单元主题设计进行了详细分析，还作了以"如何帮助学生建立'数'的概念"为主题的讲座。（图7-4）

图7-4

首先岳校长以"探索因数与倍数的奥妙"为例，剖析了单元主题设计的四大模块，即单元学习主题、学习目标、学习活动、持续性评价。从岳校长的讲解中，我们了解了进行单元主题设计的中心任务是单元学习主题的确定，而主题的设计需要研读课标、把握数学本质、分析教材以及关注学生核心素养的发展。单元学习目标要以课标、多版本教材的对比分析和学情的分析为基准。单元学习活动是学习过程的具体实施，我们要做好单元学习的规划设计。持续性评价需要在课前和课中进行，我们需要做好评价方案的设计。

岳校长在"如何帮助学生建立'数'的概念"的讲座是从十进位值制思想、函数思想和方程思想展开的讲解。她指出数的认识和数的运算是小学数学《数与代数》中的主要内容，数线模型在数学学习中有举足轻重的作用。她还明确了在数概念建立的过程中要注意的问题。她从具体、形象—具体、半形象—模型、半抽象—完全抽象的过程中，让教师们明白了结合具体情境理解数的意义是非常重要的。她特意强调，在低年级阶段，要给学生讲清楚"十进位值制计数法"。在讲到如何帮助学生建立分数的概念时，她从比率、度量、运作及商四个维度阐述了分数的意义。本次教研活动，就如何进行单元主题设计为教师们提示了方向，还就"数与代数"这一领域在平时的教学中需要注意的地方进行了详解。

最后，岳校长对本次活动作出总结，希望教师们深挖教材，有效利用教学用书，研读课标，并上网查阅资料，在本次教研活动的基础上，继续完善自己的单元主题设计。

生成单元设计　提升科学素养

——榆中县文成小学数学组单元主题设计活动纪实三

俗话说：一枝独秀不是春，百花齐放春满园。在新课程背景下，每一位教师都充满了热情。如果要想系统地掌握教材，把握大纲，准确地掌握重点，突破难点，应用新思维解决新问题，只靠教师一个人的力量是很难实现的。在要求师生合作探究教学的同时，也要求教师合作研讨，营造研讨氛围，发挥集体的作用。为了进一步拓宽数学单元主题教研视野，传播数学单元主题教学新思想，我校数学组举办了"单元主题设计暨深度教学课堂展示"活动。本次活动共分三个阶段进行。

一、集体研讨、梳理框架

集体备课是教师合作研究的一种最有效的方式。2020年6月4日，我们就人教版三年级下册《小数的初步认识》这一单元的内容展开了集体备课研讨。

齐贞菊老师首先从课标角度、学科本体、教材三个方面进行了单元主题解读，指出教学时既要关注新旧知识的衔接，用旧知识推动新知识的学习、固化，又要为后续的学习打下坚实基础。其次就是教学时要切实把握好"初步认识"的具体目标及其要求的"度"。作为小数的初步认识，一是不要把小数作为一个抽象的"数"来研究，不要出现数位、计数单位等概念，应结合具体的"量"和面积等直观模型来认识；二是小数的大小比较和小数加减法，仅限于一位小数。

王芳老师从课标对小数初步认识的要求以及单元目标进行了分析、解读。

她结合三年级学生的学情，以单元主题为统领，通过人教版、北师大版、苏教版三个版本教材的分析对比，确立了单元教学目标。

殊银霞老师就《小数的初步认识》的第一课时谈了自己的授课设计，她主要从"猜一猜""自主构建、认识小数""运用成果提升""基础练习"这四个环节进行了全方位设计，最终将突破点落到"自主构建、认识小数"上。

《认识小数的含义》中的例1是第一课时的重难点，也是本节课的教学亮点，数学组的其他老师就如何突破这个难点进行了研讨。

杨长乐老师认为小数的初步认识是学生对数的认识的一次重要拓展。它与整数相比，在意义、书写形式、计数单位、计算法则等方面有某些相同的地方，但也有一定的差异。这部分内容的教与学，是在学生认识了万以内的数、会计算三位数的加减法、初步认识了分数、会计算简单的同分母分数加减法，并且学习了常用计量单位的基础上进行的。这里是对小数的初步认识，教材中出现的这些小数的小数部分都只有1位或2位，小数的计算也只涉及一位小数的加减。两部分教学内容之间的关系是：小数的初步认识为小数加减法的学习做准备，而通过小数加减法的学习，学生对小数的认识更加深刻，为今后系统地学习小数打下初步基础。

杨文燕老师认为本单元的内容较为抽象，应让学生们结合生活经验大量认读小数，从生活实例中获得对小数的感性认识。教学例1时应关注小数点，学生们首次接触，要加深对小数点的理解，体会以小数点为分界线，小数点左边的数字、右边的数字表示的不同意义。

周兴军老师建议在教学《小数的初步认识》时应在例1上下功夫，结合"数线"找到新旧知识间的联系，从而将十分之几表示成零点几，还可以将零点几写成十分之几。他还指出，要从学生熟悉的日常事物和活动入手，帮助学生初步认识小数，解决简单实际问题。

高建慧老师就《小数的初步认识》这一单元内容谈了自己的看法，她认为从主题情境（学生熟悉的商品价格、身高、体温等）问题入手，揭示要研究的主题——小数，再请学生说说生活中见到的小数，学会读写小数。本单元的难点是通过"米尺"模型，借助几何直观，帮助学生认识0.1米与1分米以及1/10米之间的关系。

结合各位教师的研讨，教学研究中心主任杨学萍对教学框架进行了梳理：一是从学生的生活经验出发认识小数；二是在例1的教学上，让学生们借助"数线"更加深入地认识一位小数，突破本单元的重难点；三是利用"做一做"的活动让学生们在熟悉的"元、角、分"中更进一层认识一位小数。杨主任最后建议承担了同课异构的三位年轻教师，结合本次研讨做好自己的教学设计，期待在她们精彩的后续课堂展示中看到学生们的深度学习。

最后，岳校长对集体备课活动作了总结，她认为数学的核心价值就是数学思维方式，让学生掌握数学思维的方法是数学教学的重心。数学思维教学不能把思维作为目标，而应通过有效地问题设计，培养并提高学生的高阶思维能力。同时，她提出在教学设计中，我们要从学生的生活经验出发，关注学生的认知，关注知识本身，关注学生的生活实例，遵循教育规律，多钻研教材、教师用书、课标，走近文本，让学生在合作共享中体会小数的含义。

二、同课异构、精彩展示

为了进一步使我校数学组单元主题教学设计落地，促进课堂深度教学，不断提升年轻数学教师教育教学水平，2020年6月9日—6月10日，学校安排齐贞菊、王芳和殊银霞三位老师在我校进行了为期两天的同课异构深度教学课堂展示活动。课堂展示的课题为部编版数学三年级下册第七单元《小数的初步认识》。

下面，就让我们一起来欣赏三位老师上课的精彩瞬间。

6月9日上午第二节课，由齐贞菊老师对《小数的初步认识》进行展示。她首先从学生熟悉的超市商品的价格入手导入新知，让学生体会到小数源于生活，用于生活，并让学生找找生活中的小数。她接着以这些小数为例，进行小数读写法的讲解，引导学生找出小数和整数的不同点，以此为契机，给学生强调小数点的作用，让学生理解以元作单位的小数表示的含义。她最后让学生通过米尺模型，认识0.1米与1分米与1/10米之间的关系，再让学生写出相应的小数，在加深学生对小数含义理解的同时，培养了学生的几何直观。

接下来第三节课，由王芳老师执教这节课。课堂的第一环节是教师直接让学生在黑板上写出生活中的小数，让学生找到这些小数与整数的不同点，并进行小数的读写教学。第二环节是教师出示1米的线段图，从分数的意义入手，让学生探究这些分数和小数的规律，初步感知小数的含义。第三环节，王老师通过元、角的转化让学生进一步感知小数的含义。

6月10日上午第二节课，殊银霞老师也对《小数的初步认识》进行了展示。她抓住了学生的年龄特征，以小猪佩奇逛超市为情境引入新课，将学生熟悉的商品价格作为课程资源，让学生把标价牌上的数分类，并思考为什么要这样分类，引出两类不同的价格表示——整数和小数。接下来，殊老师出示了一组小数，让学生辨析读法，并让学生举出生活中的小数，学会写小数。然后，她出示米尺图，数线结合，和学生共同探究以米为单位的小数的实际意义。最后，殊老师设计了发红包的游戏。学生在拆红包的惊喜中更进一步学会了以元为单位的小数的实际意义，将课堂引入了高潮。

三、课后交流、共同提升

课后，数学组全体教师进行了集体评课。老师们认为三位授课老师在课堂上都能够基于学生已有的知识经验展开教学，尊重学生的生活经验，由学生们所见所闻的生活中的小数入手，引导学生探究小数的含义，并给学生提供了观察思考的时间，给学生提供了交流的机会，利用了学生们熟悉的米尺让他们进行直观认识。从一位小数表示十分之几，到抽象概括小数的意义，三位授课老师实实在在地给学生创设了一片自主探究的天地，真正把学生学习的主动权交给了学生，让学生在自主探究与合作交流中经历了知识的形成过程，真正做到了深度教学。

一个人努力是加法，一个团队努力就是乘法。人生的奔跑，不在于瞬间的爆发，取决于途中的坚持。相信在文成小学数学组全体教师的努力与坚持中，数学教学教研的氛围会越来越浓，教师素养也会得到更大地提升，使培养学生核心素养从理念走向行动。

缤纷金秋日　教研正当时

——榆中县文成小学数学广角暨深度学习研讨活动纪实

秋雨淅、桂花香……

金秋时、教研日……

美丽的人生，益友的陪伴不可或缺；教学的旅程，我们的思想一直在碰撞。在这金色的季节里，数学组的小伙伴们又自我扬鞭，自觉奋蹄，以《数学广角》为依托展开了扎实有效的深度学习教研活动。

活动一：展示交流集思广益

通过前期的充分准备，我们在9月27日下午进行了"数学广角"单元主题设计展示活动（图7-5）。

图7-5

首先杨长乐老师以单元学习目标开始，以数学思想为主线进行了数学知识梳理。杨老师说，从第一学段《数学广角》出现简单的排列组合、简单的推理、集合思想、等量代换等内容，使学生"在解决问题的过程中，能进行简单地、有条理地思考"，到第二学段的渗透优化思想、对策论、植树问题、假设法、抽屉原理等数学思想方法，使学生逐步提高数学思维能力和解决问题的能力。在简单的讲解单元学习活动后，杨老师重点从提升数学教师自身的数学素养、准确定位教学目标和要求、重视学生的活动体验、培养学生的主动应用意识、培养学生的建模意识和建模能力五个方面对持续性评价作了阐述。

杨学萍老师在对主题解读和单元学习目标作了简单的介绍后，重点对北师大版、苏教版、人教版的内容作了对比讲解。随后各年级教师对本年级《数学广角》知识点进行了梳理，并交流分享了宝贵的教学经验。

在最后的总结中，岳小芳校长谈到，"数学广角"这个领域的内容思维含量更高，教师要以学定教，掌握思想方法，引导学生更多地将数学思维应用于解决实际问题，不断增加学生学习数学的乐趣。知识梳理是一个困难的过程，是对自身的一种提升，每位教师梳理完后，其他教师要认真去学去想，做到共享互学，唯有不断地学习，我们才能拥有不竭的源头活水。

活动二：现场备课出类拔萃

2020年9月30日下午，在教导处主任杨学萍的组织下，全体数学教师在四楼多功能教室进行了现场抽课教学设计活动，先由每位教师抽取已定的数学广角课题，然后根据自己所抽课题现场备课。洁白的稿纸、漂亮地书写、精心地设计，两节课的时间呈现出的是一份份高质量的教学设计预案！不禁为数学组漂亮地书写和严谨的态度点赞！

活动三：课堂实践展示你我

经过精心备课，张莲和殊银霞两位老师进入课堂教学的展示环节。10月15日第三节课由张莲老师执教六年级上册《数与形》。作为兰州市教学新秀的张莲老师有着扎实的教学功底和很强的课堂驾驭能力，本节课教学设计让老师们眼前一亮。张莲老师由形到数，由数到形，让学生在观察、操作、交流、体验中寻找从1开始的几个连续奇数相加的和等于连续奇数个数平方这一规律，教学设计开放，善于放手，善于等待，将学生的思维一步步引向深入，让学生自己总结出规律，真正体现了数学课堂的思考力！

殊银霞老师执教的三年级上册《集合》也有很多亮点。作为一名年轻教师，其教学风格活泼，深得学生喜爱。殊老师从新冠疫情在武汉暴发时的捐款捐物情境中引出数学问题，引导学生动手摆一摆，让学生在分类的过程中体验集合的产生，进而加深对重叠部分的理解。

学生们上台展示。看学生迈的步伐多有力，学生们都收获多多！教室是学习的乐园，就让每一位老师的陪伴和付出，托起一个个们明天的太阳！

听课老师们认真做听课记录，格外珍惜难得的学习的机会。听，是为了吸收精华，是为了进行反思，是为了促进进步。这就是课堂教研的魅力！

活动四：评课交流抱团成长

10月15日下午，全体数学老师齐聚会议室，对上午两节课进行评价。先由两位执教老师自评后，杨主任提出就张莲老师执教的《数与形》一课中从1开始的几个连续奇数的和为什么等于平方数这一问题引发思考，在场的老师们开诚布公，交换意见，谈了自己的想法和做法，真正将研讨落到了实处。

图7-6

最后，岳校长对两节课进行点评（图7-6）。她首先肯定两位老师基本功扎实，在教学中注重创设情境，关注学生，能与学生亲切交谈，善于引导，善于等待，愿意给学生时间让学生去发现去探究，这一点很可贵！值得我们每位老师学习。同时，岳校长指出，两位老师对于重难点的突破做得不够，没有真正走进教材，寻找出最巧妙、最适合学生的方法撬开学生的思维。岳校长希望，我们的数学课要上出数学本质，创设的情境要为揭示数学本质服务，目的要明确，数学课切忌提问题不精准，要心中有学生，了解学生的起点，课堂有

思维含量，要有深度思考，要真正实现向高阶思维提升，着力打造文成小学品
质数学课堂。

　　每一次教研都是一次灵魂的唤醒，是一场自我的修行。抱团成长，追求卓
越，我们一直在路上。

植思想之树　开思维之花

——《数学广角——植树问题》研讨活动纪实

　　立冬已过，寒意渐浓。寒冷的天气阻挡不了老师们学习交流的热情，我校数学组以《数学广角——植树问题》为依托展开了扎实有效的教研活动。该课主要渗透有关植树问题的一些思想方法，通过现实生活中一些常见的实际问题，让学生从中发现一些规律，抽取出其中的数学模型，再用发现的规律来解决生活中的一些简单实际问题。

　　活动一：前期备课

　　《数学课程标准》强调：要从学生已有的生活经验出发，让学生亲身经历将实际问题抽象成数学模型并进行解释与应用的过程，进而让学生在获得对数学理解的同时，在思维能力、情感态度与价值观等多方面得到进步和发展。《数学课程标准》指出："有效的数学学习活动不能单纯地依赖模仿与记忆，动手实践、自主探索与合作交流是学生学习数学的重要方式。"同时指出："学生是数学学习的主人，教师是数学学习的组织者、引导者与合作者。"基于对以上课程标准的解读，祁兰兰老师从教学设想、教学思路等方面入手先进行了自主备课，之后，五年级数学组从教材分析、学情分析等方面入手进行了集体备课。

　　活动二：备课展示

　　11月17日上午，杨学萍老师代表五年级数学组就本课从教材、学情、教学建议等方面进行了说明展示。在教材分析时，杨老师强调要突出线段图的教学，帮助学生直观理解植树问题的数学模型，注重培养学生的数学思维能力和解决问题的实践能力。在学情分析时，她建议通过小组合作的形式进行探究学习，给学生提供体验的机会，让每个学生动脑、动手、合作探究，经历分析、思考、解决问题的全过程。基于以上的分析，她提出了如下的教学建议：让学生经历和体验知识的形成过程，感悟重要的数学思想和方法；强调画图的策略，引导学生有效地解决生活中的植树问题；把握好教学的度。

活动三：课堂实践

11月17日上午第三节课由祁兰兰老师执教五年级上册《数学广角——植树问题》。祁老师有着扎实的教学功底及丰富的教学经验，她的课堂以问题情境为载体，以知识冲突为诱因，以数学活动为形式，以线段图为抓手，通过"数形结合""化繁为简"的教学策略，构建出"植树问题"的数学模型。练习题形式多样，让学生利用"植树问题"的模型来解决，感悟数学建模的重要性。

活动四：课后反思

11月17日上午第三四节课，祁老师对《数学广解——植树问题》这节课的设计思路及授课方式进行了自评与反思。在场的老师们开诚布公，积极交流，说出了自己的想法和建议，使得教研活动真实有效。

图7-7

课后，岳校长（图7-7）对这节课进行了点评，她首先肯定了祁老师的精心准备及精彩呈现。随后，岳校长指出了这节课存在的问题及改进的措施。最后，她从教材概念的理解、教材内容的划定、思想的渗透、课堂导向、学情等方面就如何上好"数学广角"这一类课作了较详细地阐述。岳校长希望，全体教师要以《数学课程标准》为指导，深研教材，转变教学观念，最终实现共同学习、共同提升的目的。

这次活动，为全体数学教师再一次提供了学习的机会，我们将以这次活动为契机，进一步更新教育理念，以人为本，不断优化教学过程，进一步提高教育教学水平。

数形结合　以理驭法　走进核心素养
聚焦计算思维

——榆中县新教育理想课堂研讨活动纪实

欲问秋果何所累，自有春风雨潇潇。10月30日，榆中县"新教育"实验小学数学"理想课堂"观摩研讨活动在榆中县文成小学举行（图7-8）。县教研室教研员、各学区（校）小学数学教师，以及东乡区汪集学校数学教师，100多人参与了此次教学的观摩、交流、研讨活动。

图7-8

《数学课程标准》明确提出：数学是人们生活、劳动和学习必不可少的工具……而计算是所有数学活动的基石，离开计算，数学活动便成了空穴来风，无本之木。计算教学在小学数学课堂中有着举足轻重的地位和作用。所以本次活动围绕计算教学展开，主要安排了三项内容：骨干教师精彩课例展示、县级教研员精准点评定位和名师讲座。

精彩课例展示活动中，周兴军老师的《多位数乘一位数》（图7-9）一课的教学设计精彩巧妙，课堂结构明了清晰。学生们通过摆一摆、圈一圈、说一说等活动，将多位数乘一位数的算理"润物细无声"地内化于心。教学渗透了数形结合与转化思想，直击教学本质，让平淡的计算变得鲜活，充盈着思考，充满了趣味。

图7-9

紧接着杨学萍老师的《除数是两位数的除法》一课的教学，由帮助图书管理员的情境导入新课，让学生通过想、摆、思、说、算的过程，有层次地说算理，使学生自主归纳出计算的基本方法，同时给足学生展示的机会，用多种方法解决问题，打开了学生的数学思维，使学生走进了数学核心素养中的核心。

课后两位授课老师进行了教学反思，我县教研室主任马良彪进行了有针对性地点评，对两位老师的教学设计给予了肯定，也提出了自己的一些想法和思考。他说：小学数学教师要从学生习惯、基础方法训练、计算策略、算理理解、估算这五大面去重视小学数学的计算教学，教会学生适合他们自己的计算方法，切实提高学生计算正确率。

文成小学校长岳小芳在点评两节课时提出，改进和加强计算教学最重要，最根本的就在于"以理驭法"，让学生不仅知道"怎样算"，而且懂得"为

什么要这样算"，达到理解算理、掌握算法、形成技能的目的（图7–10 ~
图7–13）。

图7–10

图7–11

图7–12

图7-13

　　活动最后，岳校长作了题为"如何处理好计算教学中算理与算法的关系"
的专题教研讲座。讲座从"缘起—追因—笃行—讲理"四个方面结合具体的实
例给老师们作了讲解，她认为，在计算教学中要将算理与算法有机融合，为学
生搭起理解的台阶，学生才能由算理直观化过渡到算法抽象化，才能在"理"
中形成"法"，在"法"中蕴含"理"，而理法交融对于提高学生的计算能力
具有重要作用。她建议，老师们要做到"实事求是"，把握真实学情；"寻根
究底"，提升数学素养。（图7-14）

图7-14

　　短短的半天时间，相信带给所有参会老师的除了学习和收获，一定还有更
多地思考。计算教学，任重而道远，我们将携起手来努力前行！

人文教育　和融共进

——榆中县文成小学与新营学区"一体化"联合办学构筑理想课堂教研交流活动纪实

根据榆中县教育局《榆中县基础教育优质均衡城乡结对帮扶及"一体化办学"试点工作方案（修订）》〔榆教发（2020）293号〕文件精神要求，为进一步增强校际交流与合作，有效做好联片办学，积极参与县教育局组织开展的新教育构筑理想课堂，结合学（区）校实际，进行"人文教育和融共进"，11月20日，文成小学与新营学区开展了"一体化"联合办学构筑理想课堂教研交流活动（图7-15）。

图7-15

本次活动以"数学广角"研讨为主题，以名师引领为导向，以课堂实践为阵地，以提高教师专业能力为目的。

活动的第一个环节，由黄坪学校的马顺花老师、文成小学的王芳老师为大家献课。

马顺花老师的设计，主要根据教学内容的特点及学生的实际情况，引导学生积极参与，通过开放性的设计和学生的体验，建构植树问题（两端都种）的模型，再运用模型解决生活中的类似问题。马老师大方的教态、亲切的语言、扎实的基本功体现了一位数学老师的良好素养。

王芳老师执教的是二年级《数学广角——搭配》。王老师利用"密码锁"的游戏入手，充分地调动了学生的积极性，让本来比较枯燥的知识有了生机。而后王老师以解决问题的思路引导学生学习，先让学生明白要解决的问题，以及组数的要求，且两位数的十位数和个位数不重复，再经历独立思考、合作交流、调整方法的过程，让学生们发现了"固定十位法""固定个位法""互换位置法"三种对数字进行有序排列的方法，做到了不重复不遗漏。

活动的第二个环节，文成小学校长岳小芳针对两位老师的课堂，就老师们如何进行小学数学教学作了指导。她从参加第十六届教学新秀评委的感受谈起，指出年轻教师在教案和上课过程中都存在一些问题，她希望年轻老师要了解儿童，探究儿童的个性和发展规律，课堂用语要符合学生的年龄、身心发展特点，不要一味地依赖于多媒体课件，要让多媒体课件起到画龙点睛的作用，要把每节课当成公开课来上。她还谈到教师要多学习，在备课时要立足课本，研读教参，深挖课标，要看不同版本的教材，这样才能拓宽教学思路，打开教学思维。总之，要做一名好老师，就要认真研读教材，要走近学生，爱学生，要有耐心和恒心。

岳校长对今天的两节课进行了点评。她在指出两节课的优点的同时，对两位年轻老师提出了许多指导性的建议。她指出，数学广角是通过现实生活中一些常见的实际问题，让学生从中发现一些规律，抽取出其中的数学模型，然后用发现的规律来解决生活中的一些简单实际问题。数学广角更重视通过观察、操作、实验、猜测、推理与交流等活动，让学生感受数学思想方法的奇妙与作用，学会运用数学思想方法解决问题的策略、方法。所以在教学"数学广角"

时，我们老师应该准确定位教学目标和要求。

之后，岳校长作了"如何帮助学生建立'数'的概念"的讲座，特别强调了课标中的10个核心词，强调教师要在教学的过程中注重培养学生的数感，重点解决位值制问题。

最后，新营学区的冯福宏校长作了总结讲话。他指出，这次文成小学与新营学区联合开展的教学教研活动促进了我们学区与文成小学的交流，我们要相互借鉴、相互学习。老师们要从自身做起，认识到自身在数学教学中的不足之处，要在教学中厘清思路，发散思维，结合生活实际，帮助学生解决问题，让学生在学习时明确学习任务，在学中有所获，从而促进师生共同成长。

本次活动的开展，既是教师间相互交流、相互研讨、相互学习的过程，也为实现优势教育资源共享、促进教育均衡、全面提高教学质量、提升教师专业化水平和业务能力开辟了新途径，指明了新方向。探索数学教学模式，我们一直在路上。

08

第八章

成果

一路前行　一路阳光

——2020年岳小芳工作室运行情况汇报

　　兰州市青年专家岳小芳工作室现有一、二级工作室成员共19名。工作室以"打造优秀团队，凸显名优效应"为理念，追求"有深度的数学课堂"，以打造一支教育科研为先导的研修团体为目标，通过送教送培、互动研讨、专家引领等多种形式的活动，致力于小学数学教学行动研究。

一、集中优势，抱团成长

　　2020年，工作室以"M+1+5+N"的学习引领模式，通过领衔人带动成员——成员再带动本校教师——本校教师再带动本班学生，再通过本班学生问题联动——引发教师问题研究，形成互动发展圈的路径，进行深度研讨。工作室要求每个成员在本校带动N个小伙伴，每个成员必须将工作室所学、所做、所得传递给本校伙伴，以最大限度发挥工作室的示范引领辐射作用；在不同起点上，领衔人和成员按专业发展，每年必须达到一个新的高度。

二、团队教研，提升素养

　　一年来，工作室以省级重点规划课题"小学数学深度学习与高阶思维的培养"为方向，以单元主题教学为依托，以培养学生核心素养作为重中之重，以培养学生高阶思维为目的，进行课堂实践。

　　2020年5月16日，我们观摩了全国名师贲友林的"长方形、正方形面积与周长"这节课。领衔人岳小芳借助这节课，为我们作了"深度学习，让数学触及学生心灵"的讲座，她将理论与本节课紧密联系，就什么是深度学习、"学校教研活动存在的问题"及"如何进行单元主题设计"进行深入浅出地解读，不但为文成小学的数学教研指明了方向，也为工作室成员校的数学教研指明了方向。之后，领衔人岳小芳又以"探索因数与倍数的奥妙""如何帮助学生建立'数'的概念"为例，剖析了单元主题设计的四大模块，为老师们进行单元主题设计打下了坚实的基础。

2020年6月4日，工作室围绕人教版三年级下册《小数的初步认识》这一自然单元展开了集体备课研讨、集体备课分享、课堂实践展示等活动，经历深度学习和研讨。

2020年7月4日，大家就小学数学四大领域的知识做了梳理与展示。在本次活动中，大家抓住了知识之间的关联，强化了对知识的深度认识。

2020年9月27日，数学广角单元主题设计研讨活动如期开展。工作室成员张莲为大家展示了六年级数学上册《数与形》一课。殊银霞老师展示了三年级《集合》，还有50岁的祁兰兰老师为大家上了示范课《植树问题》。三位老师让学生通过探究发现规律，渗透数学思想，解决问题，使学生深度学习、思维的培养落地生根。

2020年12月22日，工作室及文成小学全体数学教师就"数与代数"领域里有关分数的知识做了系统地梳理与展示。工作室成员周兴军老师、张东老师结合大家的展示，为大家展示了三年级《分数的初步认识》一课。

慢慢等待、不断辨析、不断说理、不断完善，见证知识的形成过程，也实现了学生的深度学习。

团队教研，研读教材，不但提高了老师们的专业能力，也使我们的学生、我们的课堂达到深度理解和学习。

三、依托问题，深度研修

在教研活动中，大家很容易以课时为单位进行备课、观课、研课活动，忽略课时与课时之间的关联，较少开展以单元、主题、模块为主的结构化研究与实践，教研目标、内容、过程等缺少对课程内容与要求的整体把握和结构化处理。如何使我们的教学思考变得深刻、清晰、系统呢？如何使它来自实践又高于实践呢？带着这样的问题我们团队决定，立足课标，聚焦单元教学设计，以核心内容为探究主题，聚焦核心素养和高阶思维的培养，再次进行深度探究，尝试探索小学数学教研模式，发展学生高阶思维，提升成员教学教研能力。

（一）理论学习，拨云见日

工作室成员在领衔人岳小芳的带领下，依据《教育部关于全面深化课程改革，落实立德树人根本任务的意见》精神，以解决现有课堂中存在的问题为载体，探索促进学生发展、学习的策略和方法，以培养学生核心素养为目标，开展了系列学习活动。以核心成员为主的深度培训，厘清小学数学深度学习内涵和意义，掌握深度学习教学设计的基本元素，并结合具体案例实施深度学习策略和课例设计、实验。在课堂实践中，工作室成员确定几节体现某一数学思想在不同领域渗透的课例研究课，组织备课、听课、评课活动，形成典型案例，共同研讨，在思想的碰撞中一起成长。然后工作室成员对区域内所有数学教师提供案例并进行推进学习。

（二）集体备课，同课研讨

为在课堂中落实优秀的单元主题设计，工作室以人教版三年级下册《小数的意义和性质》单元学习为主题，从单元主题解读、单元学习目标、单元学习活动、持续性评价展开了集体备课，大家围绕核心内容设计、关键能力培养提出了自己的见解。最后由三位老师进行了为期两天的同课异构深度教学课堂展示活动。同课异构后，我们再次研讨反思，切实感受到学生的深度学习来源于教师的深度设计；在核心活动中，学生要有问题可以思考，有活动可以探究，思维才是有生长的。

（三）学习真经，实践反思

受限于自身的学识，对某些数学思想感悟不够深刻，工作室便寻求机会，带核心成员走出去，聆听名师的讲座，观摩活动中优秀课例，提升研究能力。为实践学到的思想，工作室秉承走出去取经、请进来解疑的思路，先后邀请省教科所教研员、陇原名师、兰州市金城名师等专家、名师，通过观课堂、听汇报、听思路，为我们的教学主张提出建议。根据专家意见，工作室反思修正。一次次地学习，让我们感觉到：数学教学一定要讲道理，让学生真正做到理解，并能很好地实现对于日常经验与直观感知的必要超越，而数学教师的责任就是"以深刻的思想启迪学生。""他山之石，可以攻玉"。我们在"实践—反思—再实践—再反思"的历程中循序渐进，拔节生长。

（四）送培送教，引领辐射

只有在互动的共同体中才能发展。为了将我们的研究成果推广，让研究成果开枝散叶，团队成员走进县域内大部分学校进行交流；我工作室还联合名师团队开展送教送培活动，先后去了甘草、高崖、新营、北山大学区，夏官营学区，新区，东乡汪集学校，为脱贫攻坚战助力。送教送培，工作室充分发挥了研究、实验、示范、引领的职能作用，通过引领辐射，形成了多向互动。通过引领辐射，我们又感受到：送教送培活动为工作室成员搭建了展示的舞台，成员从教学理念到教育教学方式都有了较大地改进。虽然存在着太多的不足，但我们的教学实践与学生的成长融合在一起，我们的生活充实而快乐！我们还深深感受到：教学要与时俱进，我们自己也要与时俱进，不断提高自己的各项能力和综合素质，真正成为一名教学名师。

（五）资金使用情况规范

工作室资金使用严格按照学校公用经费支出制度，提前预算、申报、报批。一年来，工作室和成员征订相关的报纸杂志，成员外出培训学习，教学交流与研讨活动等项目支出18834.25元，结余52035.81元，没有违规使用资金情况。

四、成效显著，展望未来

有付出就有收获。2020年，工作室成绩卓然：2人荣获兰州市第十五届教学新秀称号；在新教育活动中，1人获全国先进个人光荣称号，1人被评定为优秀种子教师，3人教育教学论文获奖；在课题研究中，2项市级个人课题结题，3项省级课题立项，其中1项为省级重点课题，1项为省级专项课题；2人参与的市级规划课题结题，1人在兰州市项目论文比赛中获奖。

一年多的实践研究，所有参与成员针对教学重点和难点，在边研究、边实验、边解决问题的过程中，不断成长起来。我们的研究，也受到了区域、学校和教师的广泛好评，使大家的教育思想和教育行为都发生了比较大的变化。

作为青年专家名师团队，我们将立足本位，勇于进取，不断创新，发挥青年专家应有的作用。下一步，工作室将在单元教学研究上进一步深度推进，无论是在理论层面还是在实践层面，都需要不断丰富与发展，需要我们以问题为导向，以课堂为阵地，找准深化研究的着力点，在着力点上发力、下功夫，并与教育行政部门合心发力，形成区域、学校、教师上下联动机制，做好深度高阶思维的课题研究和推广。

"双减"背景下，数学减负提质实施方案

一、指导思想

按照中共中央办公厅、国务院办公厅印发的《关于进一步减轻义务教育阶段学生作业负担和校外培训负担的意见》，根据学校校情、班情，为了精细作业管理过程，充分发挥作业在教学过程的检验、诊断、巩固和反馈作用，提高教学效率，走教育教学高质量发展之路。

二、作业意义

作业是学校教学活动的一个重要环节，是学生获取知识、发展能力、提升素养的重要方式，具有检测学生学习成效、训练学生思维、培养学生良好学习习惯、优化学习策略、提升学生核心素养的功能。每位教师要准确把握作业的性质和功能，探索过程性评价和发展性评价的有机结合，提高设计作业和运用作业改进教学的能力，通过精心组织并有效实施作业，增强教学工作的针对性和有效性，促进教学质量的提升，从而切实减轻学生过重的课业负担，促进学生健康成长。

三、作业布置原则

（一）严控时长，落实"一教一辅"

严格落实"一教一辅"作业选用政策，强化学校管理主体责任；加强对作业的校本研究，优化作业内容，提高作业质量；以实施"课程+"为载体，实现课程与作业相统一，丰富课余生活，顺应志趣发展规律；倡导积极评价方式，激发学生继续学习欲望，让学生体验学习过程和形成整合反思能力；统筹作业

总量，严控作业时长，实行弹性作业，保障基础课程。

（二）作业科学布置

布置作业要基于课程标准，体现单元意识，统筹确定目标，优化基础性作业设计，注重实践性、跨学科等综合类作业的设计。注重作业设计的探究性和合作性，鼓励学生参与作业设计及评价活动，难度、时间需适宜。一二年级适当布置创新性的实践性作业。

（三）作业分层布置

根据班级学生情况，对作业布置进行分层，按照三个层次布置。基础性的作业是必做的，100%的学生参加。实践性的作业是选做的，保证80%的学生能够参与。创新性的作业也是选做的，30%的学生参与即可。

四、作业布置目标及内容

（一）作业布置内容

以课本、练习册为主，要求正确达标率100%，全批全改。

（二）作业布置目标

1. 三年级

基础类作业目标（必做）：

（1）会简单计算，会进行混合运算，了解顺序。

（2）认识基本图形，了解图形的基本性质，会计算周长、面积等。

提升类作业目标（选做）：

（1）了解年、月、日的秘密，知道24时计时法；认识年、月、日，知道它们之间的关系；能运用年、月、日的知识解释生活中的问题，提高应用意识。

（2）结合现实素材，感受并认识克、千克、吨，以及它们之间的关系，发展量感，积累数学活动经验。

（3）在生活情境中，进一步认识东北、西北、东南、西南四个方向，发展空间观念。

探究类作业目标（选做）：

（1）用6个边长为1厘米的小正方形拼成长方形，长方形的周长是多少？

（2）运用所学的知识撰写数学日记、绘制思维导图等。

2. 四年级

基础类作业目标（必做）：

（1）会简单计算，会进行混合运算，了解顺序。

（2）认识基本图形，了解图形的基本性质，会计算周长、面积等。

（3）认识统计图（以1代多），会用统计图来描述数据，并能回答问题，做简单的数据分析。

提升类作业目标（选做）：

（1）通过实践活动，感受1亿的大小，培养数感。

（2）营养午餐。调查了解人体每日营养需求，几类主要食物的营养成分，感受合理膳食的重要性；形成调查研究、设计规划的科学态度。

探究类作业目标（选做）：

（1）在一张梯形纸上剪一刀，使剪下的图形中有一个是平行四边形，那么另外一个图形可能是（　　　）。

（2）运用所学的知识撰写数学日记、绘制思维导图等。

3. 五年级

基础类作业目标（必做）：

（1）会简单计算，会进行混合运算，了解顺序。

（2）认识基本图形，了解图形的基本性质，会计算表面积、体积等。

（3）能列出简单随机现象中所有可能发生的结果。

提升类作业目标（选做）：

（1）在现实情境中，应用方向位置、测量等知识，绘制校园平面图，标明重要场所。

（2）通过游戏，综合运用所学知识来探讨事件发生的可能性大小。（掷一掷）

（3）通过观察、列表、想象等活动，经历"找规律"的全过程，获得"化繁为简"的解决问题的经验，进一步了解正方体的特征，培养空间想象力，积累数学思维的活动经验。（探索图形）

（4）寻求"最省时的打电话"方案，让学生亲身经历解决问题的全过程，发现事物隐含的规律，提升学生的数学思考、分析、归纳推理能力，进一步体会数学与生活的密切联系，培养学生运用数学知识解决实际问题的能力。

探究类作业目标（选做）：

（1）在方格纸上画出面积是6平方厘米的三角形（每小格都是1平方厘米）。

（2）运用所学知识撰写数学小论文、绘制思维导图等。

4. 六年级

基础类作业目标（必做）：

（1）会简单计算，会进行混合运算，了解顺序。

（2）认识基本图形，了解图形的基本性质，会计算表面积、体积等。

（3）能列出简单随机现象中所有可能发生的结果。

提升类作业目标（选做）：

（1）了解负数，感悟负数可以表达自然界中具有相反意义的量。

（2）调查了解生活中人们使用淡水的习惯及用量，结合淡水资源分布、中国人均淡水占有量、城市生活用水的处理等信息，发现、提出并解决问题；制订校园或家庭节水方案，尝试设计节水工具或方法，培养应用意识和创新意识。

（3）了解田径场以及环形跑道的结构，学会综合运用圆的周长等知识来计算并确定400米跑的起跑线，发展综合运用知识解决问题的能力。

（4）让学生运用所学的圆、排列组合、比例等知识，解决普通自行车的速度与自行车内在结构的关系和变速自行车能变化出多少种速度两个问题，加深学生对所学知识及其相互关系的理解。

（5）引导学生从设计行程表、调查收集有关信息、分析信息、填写行程表等环节开展实践活动，完成"北京五日游"行程的设计。

探究类作业目标（选做）：

（1）甲乙两个圆的周长比是2∶3，其中一个圆的面积是18平方厘米，另一个圆的面积是（　　）。

（2）运用所学知识撰写数学小论文、绘制思维导图等。

五、作业评价方式

（一）过程性评价

1. 口头评价

学生在课堂中学会倾听、学会思考、学会合作、学会交流时，或作业表现优秀时，教师给予口头表扬或用肢体语言进行鼓励、表扬。

口头评价是教育评价的重要组成部分，其特有的价值在现代教育体系中占有很重要的位置。口头评价在小学数学教学中具有特殊的意义。首先，口头评价是贯穿于教学中的一种即时的、情景性的评价，是小学数学教学评价的重要手段。口头评价的直接性、快捷性、情景性为情感感染提供了有效途径。其次，口头评价是教学评价体系中不可或缺的组成部分。

2. 卡片评价

我校为了鼓励在各方面都取得进步的同学，开展"得优卡鼓励，做更好的自己"的活动。优卡分为"学科素质提升"和"行为习惯养成"两大类，共十种："主动发言"卡、"作业优秀"卡、"学习进步"卡、"活动积极"卡等。

3. 符号评价

学生上交的练习册和书本上的作业，我们从习惯、书写、正确率三方面进行评价：习惯好、书写规范、正确率高的学生就是A+或者A，习惯不太好、书写不够规范、正确率不够高的就是B，书写习惯不好、不规范、正确率不高的就是C。

（二）结果性评价

1. 考试成绩

一次期末、期中考试成绩不能评定一个学生，所以我们学生的成绩就是平时成绩（一学期四次）加期末测试的成绩，平时成绩占60%，期末成绩占40%，这样综合的成绩最后换算成等级（A、B、C、D）。

2. 数学小论文

学生在学习过程中对一类题或自己感兴趣的数学问题发表自己的见解，写成小论文。老师对论文进行指导，和同学们一起探讨，这也是对学生的肯定和鼓励。

3. 作业展示

对优秀的作业进行展示，组织学生参观、学习、反思，最后达到共同提高的目的，这样就激发了学生的学习兴趣，规范了作业的书写。

六、作业管理

作业管理的目的：

（1）了解任课教师的常规工作情况，做到及时发现问题，及时改正。

（2）了解学生作业情况，发现学生书写、练习时出现的问题，及时反馈，提高学生作业质量。

在"双减"背景下，数学作业提质增效评价具体内容及要求见表8-1。

表8-1

年级	练习册	教科书课后题	纠错本	实践类作业
一年级	每周3~4次（全收全批）	指导学生在课本上按时完成课后练习题，每周批1~2次	让学生把错题整理到纠错本上。纠错本有即可	做好收集整理。特色赋分
二年级				
三年级	每周3~4次（全收全批）			
四年级				
五年级	每周4~5次（全收全批）			
六年级				

在"双减"背景下，数学作业检查考核量化积分标准见表8-2。

表8-2

等级	学生作业			教师批改		
	正确率	书写	习惯	是否全收全批	批阅规范程度	批阅次数
A	1.正确率在90%以上 2.数字、汉字书写都规范 3.书面整洁，无涂改、破损、少页等 4.做题书写在合适的位置，尺规作图用铅笔 5.做题时有对题目关键词、重点数据勾画或圈出，有帮助解题的思维过程，如画图或具体过程等			全收全批，练习册100%批阅	批改及时、认真、规范，有时间有等级	不少于学校规定次数

续 表

等级	学生作业			教师批改		
	正确率	书写	习惯	是否全收全批	批阅规范程度	批阅次数
B	1.正确率不低于75% 2.数字、汉字书写基本规范 3.书面整洁，少有涂改、破损、少页等 4.做题书写在合适的位置，尺规作图用铅笔 5.做题时有对题目关键词、重点数据勾画或圈出不太明显，有帮助解题的思维过程，如画图或具体过程等			全收不全批。练习册90%批阅	批改较及时、规范，有时间、等级。按上课内容少于3页没有批	少于学校规定次数5次
C	1.正确率不低于60% 2.数字、汉字书写基本规范 3.书面脏乱，涂改、破损多 4.做题书写在不合适的位置，没有尺规作图 5.做题时对题目关键词、重点数据没有勾画或圈出，解题过程乱、不全			批阅不低于60%	批改不及时、不规范，有时间、等级。按上课内容少于6页没有批	少于学校规定次数8次
D	1.正确率低于60% 2.数字、汉字书写不规范 3.书面特脏乱，涂改、破损多 4.做题书写在不合适的位置，没有尺规作图 5.做题时对题目关键词、重点数据没有勾画或圈出，习题没有做或没有做完			批阅低于60%	批改不及时、不规范，没有时间、等级。按上课内容少于10页没有批	少于学校规定次数12次

在"双减"背景下，数学作业验收记录见表8-3。

表8-3

学科		班级	
任课教师		班级人数	
检查作业名称（数学练习册）			
合格人数	合格比例	优秀人数	优秀比例
检查作业名称（数学书）			
合格人数	合格比例	优秀人数	优秀比例

续 表

学科		班级	
任课教师		**班级人数**	
评定等次	优秀（ ）合格（ ）不合格（ ） 备注：90%以上学生达到合格标准，班级验收认定为合格，合格比例达标且60%以上学生达到优秀标准，班级认定为优秀		

　　总之，我校数学组在双减背景下，进一步提升数学作业设计的科学性、针对性、有效性和创新性，这样，才能做到提质减负。

减负提质　从改变学习方式开始

——榆中县文成小学"双减"落实工作汇报

在"双减"大背景下，文成小学积极推进育人方式改革，提高课堂教学质量，优化作业布置，保证课后服务质量，让"双减"工作掷地有声，让教育理性回归校园。现将一年来"双减"落实情况汇报如下。

一、统筹规划，助力"双减"高效落地

（一）学习政策，统一思想

学校利用全体教师会召开"双减"政策学习及工作动员部署会，利用行政会引领大家反复学习"双减"工作精神。学校带领全体教师从领会《关于进一步减轻义务教育阶段学生作业负担和校外培训负担的意见》出台的背景和过程、"双减"工作的总体思路、"双减"工作的总体目标、如何减轻学生过重作业负担、如何进一步提升课后服务水平、如何提高学校教育质量、如何确保学生在校内学足学好、家长和社会如何配合做好"双减"工作、健全作业管理机制、分类明确作业总量、提高作业设计质量、加强作业完成指导、科学利用课余时间等方面进行了认真学习，要求全体教师从政治高度来认识和对待，全面贯彻党的教育方针，落实立德树人根本任务，促进学生全面发展和健康成长。

（二）积极宣传，助力增效

学校充分利用公众号、办公群、班级群、宣传栏等平台积极宣传"双减"精神，让老师、家长、学生准确理解"双减"的精神内涵及具体措施和要求，

并通过课后服务安全告知协议书等措施，让家长明确自己的职责，为家长选择课后延时服务、校外机构培训学习提供了指导，也让教师明确了"双减"并不仅仅是简单地将作业量减下来，而是要在减负增质上下功夫，在作业的有效性上下功夫，在备课上下功夫，在提高课堂教学的质量上下功夫，使教师明确了进一步推动学校教育教学改革，提高教学质量的迫切性和必要性。

（三）健全制度，有力落实

学校制订相关方案和制度，如《文成小学双减工作实施方案》《文成小学课后服务实施方案》《文成小学五项管理实施方案》《文成小学备课优化制度》《文成小学课堂教学改进制度》《文成小学作业管理制度》《榆中县文成小学"双减"下作业设计十项原则》《榆中县文成小学"双减"下优秀作业十条标准》《榆中县文成小学"双减"下作业评改十条策略》《榆中县文成小学"课后延时服务"管理制度》《榆中县文成小学课后服务费管理使用制度》等，并组织教师签订《文成小学教师双减承诺书》，保证有质量地落实相关政策。

（四）统一指挥，协同育人

学校依据"双减"指导思想，在校长、副校长引领下，设立教学中心为"双减"管理办公室，德育处协同，其他处室全员参与，对有关"双减"政策进行部署和落实。

（五）聚焦研训，共同成长

一年来，语数英三科在校长带领下，在分管校长、主任积极跟进下，分别展开减负提质方案研讨、作业优化、培训学习、课堂教学教与学的方式改变等活动。学习方式的改变重在教学的推动。学校借助手拉手学校、线上资源、市内名师团队等资源，根据学科需求开展了线上新课标学习、作业优化设计比赛、教案比赛、基本功比赛、单元设计比赛、送教送培、命题设计、二次备课、云端研讨、总结反思、跟进实践等活动，改变教师教的方式，改变学生学的方式，提升教师教研能力。

二、多措并举，促进提质有方

学校落实"双减"政策，聚焦课堂、教师、质量、减量、增效、多元，全面实施五育并举，落实立德树人根本任务。

（一）细化方案，有序推进

针对"双减"工作总体思路与目标，学校多次召开校长办公会，征求教研组学科组意见，大胆实施备课改进、教案改革，在作业优化、课堂提质等方面进行精心细化，从备课方式、备课要求，到各学科作业项目、作业量、批阅要求等都做了详细地规定，形成了"123644"减负增效模式。

（二）课后服务，多元发展

为提升学校课后服务水平，满足学生多样化需求，我校课后延时服务秉持公益性原则、自愿性原则、服务性原则、公开性原则，将课后服务时间、服务方式、服务内容、安全保障措施、收费事项等进行公示并告知家长，主动接受家长和社会监督。我校课后服务课程内容采取"1+x"的创新形式，1为作业辅导，x为丰富多彩的社团活动，主要是组织学生进行体育、艺术、科普、心理、劳动、阅读、拓展训练、社团及兴趣小组等活动，项目主要涉及学科辅导和艺体类。学科辅导主要包含语文、数学、英语三门学科，艺体类主要有足球、合唱、篮球、素质操、足球操、篮球操、书画类、篆刻、陶艺等40多项。我校全面实行"5+2"课后服务模式，每周一至周五这5天均进行至少2小时的课后服务，每天18：00放学。课后服务分两个阶段：第一阶段，采取全员参与课后服务的方式，下午16：00—16：15为阳光大课间，16：20—17：00进行学科作业辅导兼兴趣班个性化活动；第二阶段，丰富多彩的全员社团活动，每周三、周五进行，时间为17：10—17：50，一、二年级17：50错时放学，三至六年级17：55放学，辅导教师由校内和校外聘请教师担任。课后服务分年级、分层次、系统性、个性化统筹开设课程。

我校对于课后延时服务的人员安排、场地规划、内容设置、管理督查、安全保障、卫生保洁、值班放学、课时量核算与统计、量化考核、经费管理和分配方案、教师弹性上下班制等都做了详细地安排。我校坚持关注每一个学生，发展每一个学生，成就每一个学生，让想干事的老师都参与进来，助力学生的身心健康，办好家门口的学校。

（三）健全作业管理和作业设计机制

在加强作业的布置与管理上，学校要求教师从学习活动整体考虑，系统、科学、合理设计不同层次的作业。学校鼓励教师结合实际，布置重在促进运用与学生自我体验的实践性作业。学校倡导教师自主编制作业，合理选择或改编现成作业。做到不布置超越学生能力的作业，不布置要求家长完成或需要家长代劳的作业，不得要求家长改作业或纠正学生的作业错误。教师布置家庭作业方式主要通过课堂布置，禁止通过QQ群、微信群等方式为学生布置家庭作业和让教师下载打印作业。

在落实作业的批改与反馈上，学校重视作业批改的及时性和准确性。对布置的作业教师要提前有选择性地做一遍，做到全批全改。

在强化作业的控制与检查上，学校要建立作业总量控制和作业检查制度，严格控制日作业总量和作业时间。一、二年级晚上不留书面家庭作业，只可布置口头、实践等作业，且只可布置一科作业；三至六年级每天完成书面作业的总时间不超过1小时，每晚最多只能布置两科作业。

在提高作业设计质量上，学校实施作业设计质量提高专项行动，制订各学科作业设计实施方案，将作业设计作为教研的重要内容，开展优秀作业设计展评活动。

三、聚焦课堂，改变教的方式

"双减"，减"量"更要提"质"。只有教师转变教学理念，提升教学意识，才能做到真正意义上的作业减负。一是落实教研备课改革。抓实备课组教研，找准单元重难点，研讨突破教学难点，构建"乐雅"活力课堂新模式。二是树立名师典范引领。发挥学科带头人、名师的辐射作用，努力提升教师业务能力。三是示范课公开展示。学校"青蓝工程""党员教师""优秀教师"带头示范。四是下乡送教送培，促使新教师迅速成长。五是线上教研，提升育人水平。学校开展线上家长会、线上演讲、线上赛课、云端手拉手等活动，通过智能手段，使教研活动不受空间限制。课堂中教师通过"会思考，会表达，会合作"来提升学生素养，提高自身教学水平，改变"教""学"的方式，使"双减"落实落细。

"双减"聚焦"作业"，"作业"聚焦"课堂"，教师在课堂上要还原学生本位，构建学生好奇、思考、表达的学习样态，充分留给学生思考时间，从而让学生有探索问题以及学习方法的机会，让所有的学生实现综合性、融合性学习。

四、优化作业，对标科学设计

为了全面减压作业总量和时长，减轻学生过重的作业负担，学校在语数英三科在"双减政策下减量而不减质"的前提下，围绕"准、精、活、实"上下功夫，提升作业设计质量，实现"备、教、学、评"的一致。学科类作业从基础性、提升性、实践性三类进行分层设计。

语文作业首先要明确作业设计的目标。课后作业是对学生的课堂知识学习的检查、巩固以及发展，其根本目的是提高学生的语文综合能力。鉴于此，教师在设计作业时，应该与本节课所属的课文、单元目标保持一致。"教者若有心，学者必有益。"作业设计是一门艺术，是一种创新。作为教师，要根据学生的实际情况、因人而异来设计有效的语文作业。教师在设计作业时，要提炼重点，有针对性地进行训练。设计要让作业有趣味性、实践性、创新性、跨学科等多种形式。除了传统的读背写作业外，教师还要让学生多联系生活，多与其他学科融合，多实践，多创新，丰富作业设计形式。只要教师处处多留心，设计的作业一定会精彩纷呈，让学生爱上语文作业。

数学作业设计从科学的角度出发，站在学生的视角，将数学作业分为低、中、高段三种。从课时作业、周末作业、单元作业、实践作业进行设计，每个年级结合教材的难易程度，从夯实基础、综合运用能力、拓展运用、思维训练四个层次进行作业设计。综合作业，融入各学科特点，渗透数学元素和数学思想，章节知识以思维导图的形式呈现，提高学生数学素养。

根据年级学生的不同特点，老师们集思广益，精心设计英语作业，开启了创新作业探索之旅。一、二年级布置了搜集、创编类口语作业，三至六年级布置了制作类、设计类及跨学科实践作业。英语作业有立足课本的三年级卡通字母、单词卡片设计，童趣满满；有展现个性的四年级自制菜单、梦想教室、温馨之家；有五年级特色习作、绘本创编，图文并茂；有六年级思维导图、英语手抄报；更有实践作业——"疫"无反顾的朋友，致敬英雄。这些具有生活化、思维化的作业既让学生对知识加深理解巩固，又让学生带着兴趣把所学语言知识进行语用输出，独立且创新。

2021年秋季新学期，学校对三年级的体育课进行了改革，每周一下午第二节课为体育走班教学。学校按照体育教师的特长分别设立了花样跳绳、足球、篮球、健身操、体育游戏5个项目，8名体育教师，8个特色班，学生自由选教师、选项目，参加训练。体育走班关注了学生的兴趣、爱好和特长，以兴趣为导向，让学生享受过程，锻炼身心，其乐融融。体育课也有丰富多彩、激发学生兴趣的作业，如画一画身边的体育器材，画一画、写一写喜欢的体育运动，画一画体育场地，很好地将体育与美术、语文融合在了一起，在学科融合理念下，培养全面发展的学生。

美术作业设计形式多样，不但有传统的绘画和手工制作，也有活动性的作业，如收集资料、绘本故事创编、画出中国传统节日等。这些作业引导学生们关注生活、关注社会，学生作业的积极性很高，而且可以看到学生的想象力超乎我们的想象。

作业布置做到如下几个原则：①合理布置作业。学校教学中心统筹调控不同年级、不同学科作业数量和作业时间，督促学生完成好基础性作业，强化实践性作业，探索弹性作业和跨学科作业。②作业分层设计。作业的设置尊重学生的差异，实施分层设计，书面作业层级一般分基础层、提升层、实践层三类，使各层次学生都有收获。③作业评价。各学科所有作业实行"等级+评语"的评价方法，不仅有客观公正的等级评价，还有实事求是的鼓励性评语，肯定成绩的同时，委婉指出存在的不足，帮助学生找到纠错方法，使每个学生都能通过教师的作业评语找到自己前进的方向。④全程辅导。辅导要贯穿整个教学过程，包括课前、课中、课后。辅导要耐心细致，既要弥补知识的缺漏，又要重视学习习惯的养成和学习方法的指导。个别辅导，对作业中的个性问题应个别辅导，特别要重视对后20%学生作业的辅导，做到有措施、有实施、有总结。对具有创新思维、能力的学生也要重点指导培养。⑤作业展评。对学生作业中独创的方法及时推广，对作业特别好或有进步的学生要及时当众表扬鼓励，定期进行作业展评，通过相互欣赏比较，发挥榜样的激励引领作用。⑥作业公示。每天下午放学前各科教师将家庭作业发给班主任，再由班主任统筹各科的作业量，并提交给年级组长审核。年级组长审核通过后再提交给分管领导。经分管领导审核后，各班主任方可进行布置，并把相关作业在教室显要位置进行公示。

总之，作业设计要追求"和而不同"，从以下三个方面去把握"和"：一是把握设计的一般规律，体现作业的助学功能，从不会到会，从会少到会多；二是把握作业设计的内容结构，课时练，周练，月实践；三是把握学科目标和核心素养、语言的建构、思维的发展提升、文化的理解和传承、审美的鉴赏与创新。"不同"是根据不同班情、学情对作业选择使用，做到四个明确：明确作业的定位是课堂教学的延伸；作业的目的是促进学生的自我发展；作业的设计是培养学生的关键能力；作业的评价不单是分数，而是多维的评价，从不同方面促进学生的成长。

五、多元评价，培养美善少年

学校以多元形式评价学生，注重学生综合素养的发展。学校以"过程+成果"评价形式，促进学生提升自信，个性发展。比如：英语口语素养助成长，多元评价促乐学——开展"双减"背景下低年级英语口语综合素养评价活动；寓教于乐，学测双赢——开展"双减"背景下一年级语文学科素养评价活动；乐教乐学，乐在其中——开展"双减"背景下二年级语文学科综合素养评价活动；抓教研促提升，重质量校之本——开展"双减"背景下年度教学质量总结会、分析会；学期末开展六年级学业成果等级评价活动；等等。多元的评价，让学生在不同的平台发现不同凡响的自己。

六、强化服务，规范经费管理

学校严格根据兰州市教育、兰州市发改委、兰州市财政局等六部门发布的《兰州市义务教育阶段学校课后服务经费保障办法实施细则（试行）的通知》［兰教财（2022）45号］以及榆中县教育局、榆中县发改局、榆中县财政局等六部门发布的《兰州市义务教育阶段学校课后服务经费保障办法实施细则（试行）的通知》的精神，加强我校课后服务费收费管理和使用规范，坚持学生和家长自愿原则，严格按规定收取课后服务费，收费标准为1.5元/生·课时，按实际课时计费。学校对家庭经济困难学生进行减免。学校结合课后服务课时数、工作性质、工作量、业绩表现等因素，科学合理制定课后服务量化考核管理办法和资金管理办法。学校向学生、家长和教职工公示经费收支情况。课后服务劳务费发放标准由学校支委会、校委会研究确定，其考核和分配方案要通过教职工（教职工代表）大会讨论通过并上报教育局备案。

七、家校协同，促进成长

文成小学在"和融共进"的家校共育理念引领下，拓展"共知、共建、共行、共生"家校共育途径，深入贯彻"立德树人"根本任务，推进"双减"工作的有效落实。一是推行"家长义工进课堂"课程。请从事医生职业的家长走进课堂，带同学们了解关于预防新冠病毒及传染病的自我保护措施；请在市场监督管理局工作的家长教同学们看懂包装袋上的秘密，认识食品中的"健康杀手"；请从事水利工作的家长介绍水质对于人们生活的影响；请"警察爸爸"教同学们预防诈骗、毒品危害等；在建党100周年之际，请家长走进课堂，走进学校，讲述红色故事，进行红色知识问答，唱红色歌曲，书写红色诗歌，等等，家校携手，将红色文化融入教育。二是召开各类家长会。每年新生报到之后，学校第一时间召开新生家长会，及时成立班级家委会，创建班级交流群，将学校情况、规章制度、注意事项、幼小衔接的问题与家长进行积极地交流，提前介入学生入学适应工作；以年级组为单位，开展不同主题、不同形式的家庭教育、劳动教育活动。

总之，我们通过多种形式凝聚学校、家庭、社会之间的管理智慧。

八、总结反思，前行路上不断改革

一年来，在"双减"政策落实有效探索下，还存在很多问题：

（1）在"双减"的新形势下，教师教育观念的转变，是"双减"政策落地，有实质性收效的关键。教师教育观念转变，需要下狠功夫。

（2）在"双减"背景下，基于学生核心素养的发展，我们应将作业融会贯通于课堂教学中，以单元为视角，整体设计，实现教、学、评一致性，教科研一体化，实现作业的高效性与多样性。这对教师来说有一定的挑战，需要教师不断提高自身素养。

（3）在构建校本化作业设计体系上，还需要加强完善。"双减"因"生"而减，从"情"出发，有市县教育局的大力支持，有学校的科学筹划和尽心努力，有教师的无私奉献，有家长的理解配合，坚信在"双减"路上我们一定会感其所感，行其所行，解其所困，提升课后服务质量，为家长解忧，为学生减负，共同经历有爱的时光！